美国孩子最喜欢问的

为什么

关于科技和人体有趣的问题

田战省 编著

陕西新华出版传媒集团
陕西科学技术出版社
西安

图书在版编目（CIP）数据

关于科技和人体有趣的问题/田战省编著.—西安：陕西科学技术出版社，2006.9（2022.1 重印）
（美国孩子最喜欢问的为什么）
ISBN 978-7-5369-4124-3

Ⅰ.关… Ⅱ.田… Ⅲ.①科学技术—儿童读物②人体学—儿童读物 Ⅳ.①N49②R32-49

中国版本图书馆 CIP 数据核字（2006）第 094862 号

美国孩子最喜欢问的为什么
GUANYU KEJI HE RENTI YOUQU DE WENTI
关于科技和人体有趣的问题

出 版 人	崔 斌
责任编辑	李 栋
封面设计	李亚兵
出版者	陕西新华出版传媒集团　陕西科学技术出版社 西安市曲江新区登高路 1388 号陕西新华出版传媒产业大厦 B 座 电话（029）81205187　传真（029）81205155　邮编 710061 http://www.snstp.com
发行者	陕西新华出版传媒集团　陕西科学技术出版社 电话（029）81205191　81205192
印 刷	三河市燕春印务有限公司
规 格	720 mm×1000 mm　1/16
印 张	10
字 数	185 千字
版 次	2006 年 9 月第 1 版
印 次	2022 年 1 月第 3 次印刷
书 号	ISBN 978-7-5369-4124-3
定 价	45.00 元

版权所有　翻印必究

科学，从这里开始

前言
preface

看过《十万个为什么》《告诉你为什么》以及各种知识问答式的科普读物的人，大概不会为《美国孩子最喜欢问的为什么》这个书名感到新奇。但是如果仔细看一看书中的目录和内容，就会感到它里面的问题更带有儿童的思维特点，具有更强的观察感和情趣性。孩子们自己问的与大人们设计的确实有很大不同。这种观察感和情趣性，不仅体现了孩子们的好奇心和刨根问底的习惯，而且对于探索科学和技术来说，是一种十分宝贵的心理素质。

我们的科普读物要给读者更多的观察事物的方法，更多的轻松感，引导读者在奇特与多变的客观现象中感受快乐，激发兴趣，发现疑问，进行比较，继而进入思考，寻找答案。许多有成就的科学家，最初都是从好奇和情趣中步入这一领域，并以这种心态从事科学技术研究的。牛顿把自己比作在海边玩耍的孩子，时而拾到几粒莹洁的石子，时而拾到几片美丽的贝壳，并为之欢欣喜悦。爱因斯坦认为，观察和理解的乐趣，是大自然最优美的礼物。他说过，在科学的广阔原野上，想象力比知识更重要，因为它概括着世界上的一切，是科学研究中的实在因素。陈省身在谈到自己为什么喜欢研究数学时，说是因为数学"好玩"。发明家爱迪生爱提各种问题，并亲自感受，有一次竟然学着母鸡的样子，蹲在鸡蛋上面孵起小鸡来，引得大人们哭笑不得。

不要小瞧了这种儿童式的欢欣、乐趣、好玩，甚至荒诞的举动，科学的研究，科学的事业，技术的创新，就是从这里开始的。伟大的发现发明也是从这里开始孕育的。令人高兴的是，《美国孩子最喜欢问的为什么》这套书，就是以这样的心态编写而成。书中的几百个稀奇古怪的问题，无论是动物的、植物的、天文的、地理的、科技的，还是人体的，都是从细微的地方着眼，以孩子的视角入题，体现着执著的观察力，洋溢着无尽的乐趣。文中的讲解，不但通俗易懂，而且妙趣横生，让人易读，爱读，读得懂，不但孩子可读，成人也可读。我们要感谢这套书的编译者们，他们为此付出了智慧、心血和劳动。

大自然是无国界的，知识也同样无国界。远在太平洋彼岸的美国孩子喜欢问的问题，也是此岸中国孩子感兴趣的。我希望，这套书的出版，能为孩子们，也为所有的读者们提供有益的帮助：不但增长许多具体知识，更能学会用正确心态和方法观察自然，观察客观事物，掌握科学思维，在乐趣好奇与严肃的科学研究、技术创新之间，搭起一座心灵之桥。

中国编辑学会少儿编辑分会 主任
中国科普协会 理事

孙学刚

目录 contents

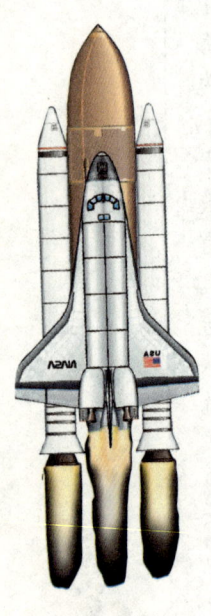

- 1   既然空气有压力，为什么我们感觉不到？
- 2   为什么航天飞机能飞向太空，而普通飞机却不能？
- 4   为什么鸟儿飞行时要拍打翅膀，而飞机却不需要？
- 6   为什么潜艇可以在水中自由沉浮？
- 8   天空那么大，为什么飞机还是会碰撞？
- 10   为什么冰不是从水底冻起，而是从水面冻起？
- 12   有什么办法把地球上的太阳能全用起来？
- 13   太阳能热水器是怎样把冷水加热的？
- 14   炸药的威力为什么这么大，是谁发明的？
- 16   纳米到底是什么？
- 18   天然气是不是空气中的成分，它和煤气一样吗？
- 20   如果没有火箭，人类还会不会飞天？火箭是怎样飞上天的？
- 22   为什么直升机可以停在半空中呢？
- 24   电视和广播是怎么传输信号的，我们为什么能看到和听到它们？
- 26   电影是什么时候出现的？
- 28   计算机是怎样工作的？？
- 29   宇航员离开地球轨道飞向月球时，为什么会失重？
- 30   什么是化石？它们都是怎样形成的？
- 32   物体变热的时候为什么会发出光呢？
- 34   为什么自行车向前踩可以向前走，向后踩不能向后走？
- 36   数码相机比普通的相机好吗？
- 38   为什么方程式赛车的样式特别奇怪？
- 40   是不是物质都有固体、液体和气体三种状态？

关于科技和人体有趣的问题

42 同样是碳原子构成，为什么金刚石和石墨差别那么大？
44 霓虹灯为什么会有那么多的色彩？
45 灯泡为什么会发光？
46 黑白电影是怎样变成彩色电影的？
48 为什么总是感觉金属要比木头凉呢？
49 把热水和凉水同时放入冰箱内，谁会先结冰呢？
50 如果坐上一个外皮结实的大气球，我们能到太空中去吗？
52 电是什么？它是从哪儿来的？
54 为什么桥的样子会有那么多？
56 世界上的所有物质都是由什么组成的？
58 味道有重量吗？为什么有的味道尝起来比较浓？
60 什么是软水？什么是硬水？它们有什么不同？
62 肥皂是怎样杀死细菌的？
64 维生素是什么？它们是什么样子的？
66 身体是怎样造血的？
68 人类脑细胞的数量是固定的吗？能不能多长些脑细胞呢？
70 为什么紫外线对皮肤的危害性那么大？
72 人为什么会哭？眼泪有什么作用吗？它们是不是毫无意义？
74 人为什么会死？
76 人类仍然在进化吗？如果可以，会进化成什么样子？
78 头发为什么会变白？
80 人为什么会感到饥饿？
82 越野车名字的来历？它真的会"越野"吗？
84 玛雅文化是什么？它为什么会消失？

86 大海是不是也像人的呼吸一样，在不停地消耗能量呢？
88 什么是转基因食品？它们有利还是有弊？
90 为什么把人造地球卫星称为"顺风耳"？它不会掉下来吗？
92 玻璃也有节能的吗？
94 人体最大的器官是什么？
96 除了江、河里面的淡水，地球上还有可以利用的淡水资源吗？
98 什么是绿色建筑？它们指的是外表绿色的建筑物吗？
100 为什么说金字塔是人类历史上的奇迹？
102 指南针为什么总是指向南方？
104 为什么影子总是跟着人走？它会不会丢呢？
106 牛顿和苹果有什么关系？他们怎们会联系在一起的？
108 酒精会杀死脑细胞吗？
110 为什么人总是喜欢吃不同的食物？这是身体的需要吗？
112 吃苹果的时候，是怎样得到能量的？
114 为什么有的人聪明而有的人比较笨呢？
116 为什么笑得多了，肚子会痛？
118 电是怎样"杀人"的？
120 口腔里面有没有细菌？它们有害吗？
121 口腔里的细菌都是好的吗？为什么我们每天还要刷牙呢？
122 为什么有时候水灭不了火？
124 为什么铁容易生锈，而不锈钢则不容易？
126 把干冰放在手上为什么会有灼烧的感觉？
127 人工降雨是使用飞机往地面洒水吗？

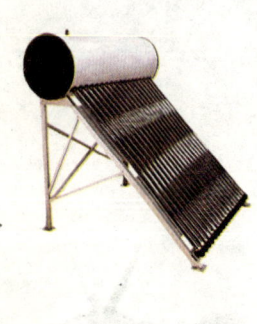

关于科技和人体有趣的问题

128 陶和瓷是一回事吗？
130 为什么可乐倒在杯子里会有泡泡逸出来？
132 为什么胶水不会粘在胶水瓶子里面？
134 手机是怎样工作的？
136 电池会对环境造成污染吗？
138 为什么高压线在潮湿的天气中会发出"嗞嗞"的声音？
140 被蚊子叮过会不会得艾滋病？
142 指甲生长的速度是由什么决定的？这个速度是固定的吗？
144 为什么高温可以杀死细菌但低温冰冻却不可以？
146 电动门为什么会自己开？它们可以感应到周围人的存在吗？
148 为什么核武器被禁止使用？
150 磁悬浮列车真的是悬浮的吗？不会掉下来吗？

关于科技和人体有趣的问题

既然空气有压力，为什么我们感觉不到？

我们生活在空气环绕的世界里面，虽然我们看不到，也摸不着它，但它却是真实存在的物质。所以，和其他物质一样，空气也会有自己的性质，例如重量、密度，还有压力。所以我们的周围充满着压力。

既然空气是有压力的，为什么我们却感觉不到呢？这是因为我们身体里也有空气，而且身体里空气的气压和体外大气压相同，相互抵消了，所以感觉不到。如果人身体里没有空气，我们就会被大气压扁了。

人们对空气压力的认识也是一个循序渐进的过程：很久以前，人们并不了解空气，所以究竟空气有没有压力，许多人都持有自己的观点。尤其是在17世纪的欧洲，人们的观点仅是观点，是无法说明问题的。真正要解决这个问题，必须通过实验来证明这一切。后来经过托里拆利的实验，证明了空气是有压力的，不仅如此，托里拆利还测出了大气压的数值。

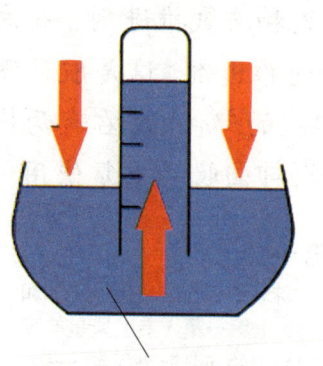

空气向下压水银，使它在管内上升

关于空气……

空气是一种弥漫在地球周围的混合气体，主要成分是氧气和氮气，还有少量的氩气、二氧化碳、氖、氪、氦等。其中氮气的比例最大，占到78%，氧气次之，占21%，其他气体总共占1%。

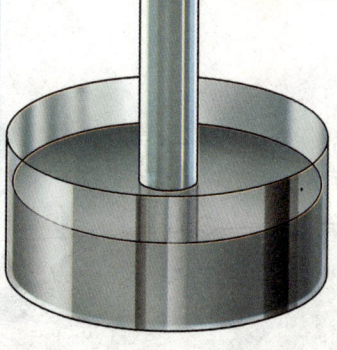

美国孩子最喜欢问的为什么

为什么航天飞机能飞向太空，而普通飞机却不能？

普通飞机在空中飞行，只是在地球大气层内。在飞机高速运动时，由于机翼的特殊形状，机翼上方的气流要比下方的气流快，这样飞机就受到下方空气向上的压力，就会把飞机托起来。

航天飞机不同，它不仅要穿越地球大气层，还要飞到地球大气层外去执行任务，这就要求它在发射时必须有足够的动力，能使它最终摆脱地球引力的束缚，也就是说要达到一定的速度。所以航天飞机发射时，要有助推器的帮助，其实它就相当于一个固体火箭发动机。除此之外，航天飞机还有一个大的外燃料箱，在进入预定轨道前，它就会抛弃掉它。

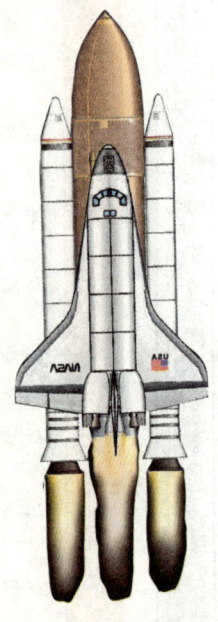

由于航天飞机的责任重大，它的结构也就比较特殊。航天飞机的主体是轨道器，分为前、中、后三段，前段乘人，中段是容纳人造卫星和各种仪器的巨大货舱，后段装有三台液体燃料的主发动机，可供100次飞行。外贮箱用于贮存液氢和液氧推进剂，并向主发动机输送推进剂，这是航天飞机唯一不可回收的部件。左右有两枚固体火箭助推器，可回收并重复使用。

关于宇航史上的第一……

前苏联首次环绕地球轨道飞行的航天员是加加林，美国的是格伦。世界上第一颗人造卫星是前苏联于1957年10月4日发射的，叫"斯普尼克"一号。

关于科技和人体有趣的问题

什么是载人航天？载人航天器又是什么？

载人航天就是人类乘坐航天器在太空中"旅行"，从而进行科学探索、研究等等的活动。

载人航天是由前苏联首先开始的。在 1961 年 4 月 12 日，前苏联宇航员尤里·加加林乘坐东方号飞船进入地球轨道，从此，载人航天进入人类的历史。

人类要去太空"遨游"就要乘坐载人航天器，载人航天器家族中有三个成员：载人飞船、航天飞机和空间站。

载人飞船独立往返于地面和空间站之间。不过，它的缺点很多，因为载人飞船的容积小，装载的物资有限，而且不能重复使用。

航天飞机是一种多用途航天器，它可以重复使用，能满足发射、修理和回收卫星以及运送人员、物资等等多种需要。

空间站的容积大、载人多、寿命长，可综合利用，是发展航天技术、开发利用宇宙空间的基础设施。

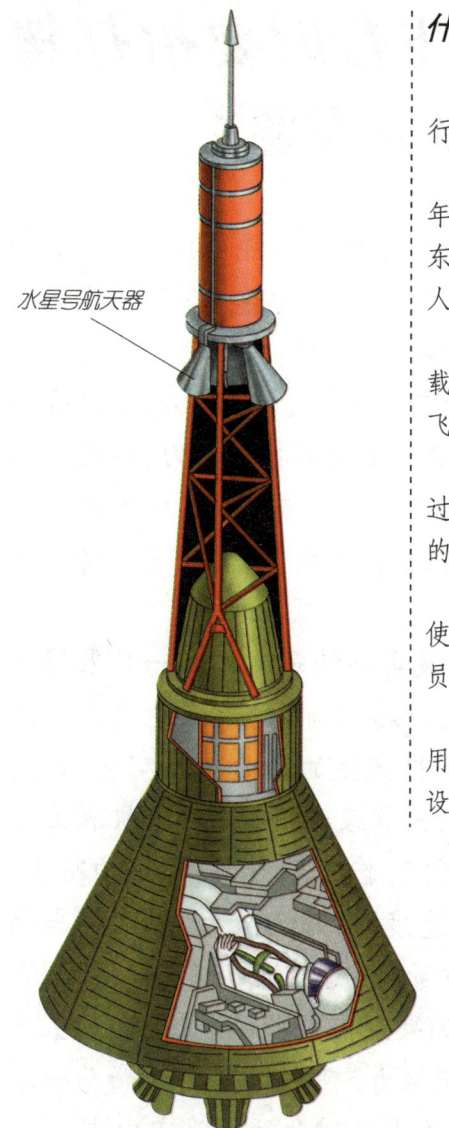

水星号航天器

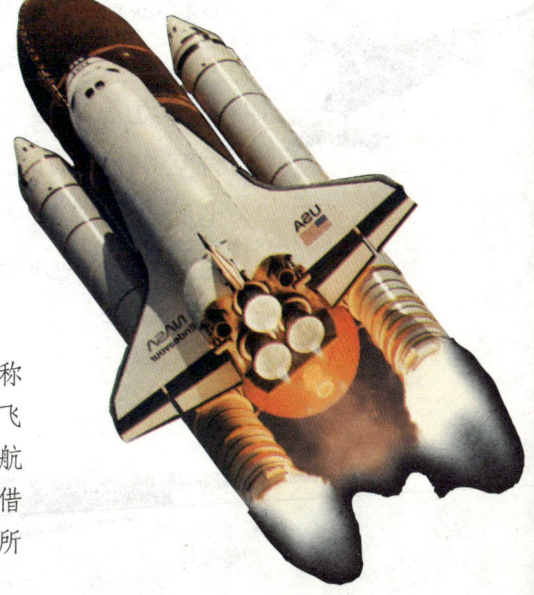

什么是航空？航空和航天不一样么？

人们把在地球大气层内进行的飞行活动称为航空。航空器是指能在大气层内进行可控飞行的各种飞行器，比如热气球、飞艇、飞机等。航空与航天的不同主要有两点：一是航空必须借助大气层中的空气提供升力；二是航空过程所需要的能量必须借助空气中的氧。

为什么鸟儿飞行时要拍打翅膀,而飞机却不需要?

热气球

飞艇

我们常常能看到鸟儿飞翔时不停地抖动翅膀,如果停下来,它们就会掉下来。飞机也和鸟一样,能在空中随意穿行,为什么它掉不下来呢?

这主要是因为鸟没有推进器,它必须依靠自己的翅膀产生升力,同时还要产生向前推进的力,而这一切都是靠拍动翅膀才能实现。飞机却不同,机翼是用来产生升力的,它能把飞机悬在空中,而向前飞的动力则需要推进器来实现。

飞机之所以能飞,最主要的是飞机有一对采用特殊剖面形状的机翼。飞机起飞前,总要在跑道上加速行走一段距离。由发动机产生的动力克服空气阻力,推动飞机前进。空气从机翼表面流过,由于机翼上下形状的差异,上表面的空气流程长,速度快,压力减小;下表面的空气流程短,速度慢,压力就大。这样,当上下压力差超过飞机的重量时,飞机就可以离开地面,飞向空中了。也就是说,如果没有长长的跑道,发动机产生的动力克服不了空气阻力,飞机是不会轻而易举地飞起来的,也就无法离开地面到向往的天空中去。

关于科技和人体有趣的问题

飞机是怎样分类的?

平时经常听说超音速飞机、直升机、喷气式飞机等等各种关于飞机的名词,它们各自都指的是什么样的飞机,飞机是怎样分类的呢?

按照速度的不同,可以分为亚音速飞机和超音速飞机,亚音速飞机又分低速飞机和高亚音速飞机。

按发动机的类型分,有螺旋桨飞机和喷气式飞机,相比之下,喷气式飞机的优点比较多:结构简单,速度快,燃料消耗少,装载量大,等等。

按用途划分,有民用航空飞机和国家航空飞机之分。民用航空飞机主要是指民用客机、货机、客货两用机和直升飞机;国家航空飞机是指军队、警察和海关等使用的飞机。

按航程分,有近程、中程、远程飞机之别。近程飞机的航程一般小于1 000千米,中程飞机的航程为3 000千米左右,远程飞机的航程为11 000千米左右,它可以完成中途不着陆的洲际跨洋飞行。

关于世界上最繁忙的航线……

世界上最繁忙的航线:西欧—北美间的北大西洋航空线,西欧—中东—远东航空线,远东—北美间的北太平洋航空线,此外,还有北美—南美,西欧—南美,西欧—非洲等重要国际航空线。

什么是空天飞机?

空天飞机是航空航天飞机的简称,可以说它是普通飞机和航天飞机的结合体,具有两者共同的优点。与航天飞机相比,空天飞机多了一个在大气层中航空的功能,而且它起飞时也不使用火箭助推器。

空天飞机之所以可以具有两者之长,在于它的动力装置——它由空气喷气发动机和火箭喷气发动机共同组成。空气喷气发动机在前,火箭喷气发动机在后,起飞时空气喷气发动机先工作,这样可以充分利用大气中的氧,节省大量的氧化剂。飞到高空后,空气喷气发动机熄火,火箭喷气发动机开始工作,燃烧自身携带的燃烧剂和氧化剂。降落时,两个发动机的工作顺序同起飞时相反。

为什么潜艇可以在水中自由沉浮?

我们都知道潜艇能潜入水中,那你知道它是靠什么潜入水中,而后又上浮到水面上的吗?

这个问题应该从潜艇的结构上找答案。潜艇的外部有个坚固的外壳,在这里面有许多巨大的沉浮箱围绕在运转核心周围。这些沉浮箱可以注入或排除海水和空气,从而使潜艇沉入水底或浮出水面。当潜艇在海面航行时,它的沉浮箱里装满了空气,潜艇的密度因为比海水的密度要小,因此潜艇就会浮在水面上。而当潜艇需要潜水或沉入水底时,它的沉浮箱就会加注重海水,这样潜艇就开始下沉。也就是说,当潜艇的密度和海水的密度相同时,潜艇就会在水下移动了。潜艇由于隐蔽性好、续航力大等优点,已成为重要的战争武器。

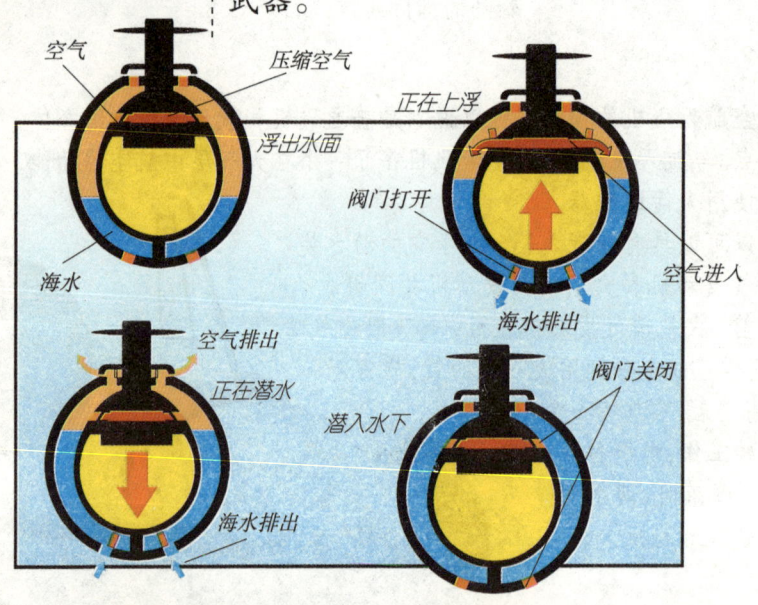

目前全世界近千艘潜艇中,80%为常规动力潜艇,核动力潜艇占20%。常规动力潜艇是指在水面或通气管状态航行时采用柴油机推进,在水下航行时则以蓄电池和电动机推进。核潜艇则是依靠设在潜艇内的核反应堆提供动力,传动装置是蒸汽轮机。

关于科技和人体有趣的问题

当潜艇在水下时,潜水员如何知道自己所在位置?

在潜水艇里,有许多观测的仪器,例如潜远镜。它是一种长的、可以旋转的管子状的设备,它能够伸到水面上来观察周围情况,并通过内部一系列的镜子和透镜将外面的影像传输到潜艇中。另外,潜艇里还有一种声呐仪器,它能接受周围物体的反射波。人们可以根据声波反射回来的时间长短来判断距离其他物体的远近,了解自己周围的海水情况。

潜艇上的工作人员正在主控制舱内工作

一位军官正通过潜望镜扫视,以确保不存在干扰潜艇浮出海面的"物体"。

关于潜艇的类型……

潜艇主要包括弹道导弹核潜艇、攻击型核潜艇和常规动力攻击型潜艇。潜艇是海军武器的重要组成部分。

什么是水平舵?

潜艇的两侧装有可转动的鳍板,也称水平舵,它能指引潜艇上升和下降。当潜艇需要回到水面时,存储在舱内的压缩空气被输送到沉浮箱内。这些空气将海水排出潜艇,从而使船身开始上浮,水平舵也起了一定的辅助作用。

通过潜望镜拍摄到的北极熊啃尾舵的场面

潜艇的形状为什么都是圆形的?

这有好几个方面的原因。首先,如果一个物体同样周长要获得最大的体积,应当是圆形。但从潜艇的使用角度来考虑,也许圆形的有效使用体积并不是最大。因此潜艇的形状往往近似圆形。其次,从水下的承压能力来讲,圆柱形的物体承受水压的能力也最强。还有,从流体力学的角度来讲,圆形也利于在水下减少运行阻力。

导弹发射舱

天空那么大,为什么飞机还是会碰撞?

我们常会给天空许多美丽的修饰词,这可能是和它的无边无际分不开的。可是你知道吗,天空再怎么大,穿行其间的飞机还是忍不住会碰撞。当然这种事情是谁都不想发生的,可是也不可避免。为什么那么大的空间,它们却还"互不相让"?

原来和地面上一样,尽管有很广阔的空间,可是飞机在飞行中却有一道飞行航线,它有一定的高度、宽度和方向。每架飞机都是按照指定的方向、高度飞行。飞行员驾驶的飞机用眼睛看到的视力是有范围的,加上速度快,避让不及就会发生碰撞。

空旷的天空中,鸟儿有时候也会是飞机的"杀手"。喷气式飞机的发动机必须从周围吸入大量空气才能工作,所以它们的进气口都开得很大,飞行起来就像张着大嘴巴。如果有鸟儿在它附近飞行,就有可能跟随空气被吸进发动机里去。这样鸟儿就会损坏发动机,打破发动机的正常工作环境,导致飞机丧失向前飞行的动力,进而产生飞机事故。

涡轮风扇喷气发动机

客机

关于科技和人体有趣的问题

飞机失事后，第一步工作为什么是搜寻"黑匣子"？

一般情况下，乘坐飞机都是很安全的，但也有例外，这就是空难的发生。飞机失事后，后果自然是很惨重的。那么，要知道飞机是在什么情况下发生意外的，是什么因素导致了飞机的失事，最为重要的就是找到黑匣子。

黑匣子是一种安放在飞机上的数据记录仪，它不怕火，也不怕摔。飞机在飞行过程中的任何技术情况，包括飞机机组人员的对话，都会记录在这个仪器上。所以，一旦飞机发生意外，根据黑匣子就能判断飞机失事的真正原因。

黑匣子

关于飞机……

飞机是现在很方便的交通工具，但是有些人却不适合乘坐飞机，这些人群包括传染病患者、精神病患者、心血管疾病患者、脑血管病人、呼吸系统疾病患者，等等。

机场调度室

隐形飞机

隐形飞机为什么能隐形？

飞机在空中飞行，都是靠地面上的指挥系统控制着。雷达就像一个天眼，监视着空中飞行的飞机动向。如果是隐形飞机的话，它就无可奈何了。为什么雷达就监视不了隐形飞机的动向呢？因为在这种飞机上使用了隐形材料涂层，它能将雷达发射出的电磁波大部分吸收掉，发射回去的很少，也就让地面的雷达找不到了。

飞机是怎么准确降落到机场的？

在天空中，每天都有许多飞机起飞、降落，也都在按自己的轨道完成航行。虽然机场很大，但飞机都能准确地完成起飞和降落。其实，这在很大程度上是和机场的调度人员分不开的，他们通过先进的雷达系统，控制着飞机的飞行高度。什么时候该起飞，什么时候该降落，雷达时刻都在监控着飞机的飞行状况。

飞机的驾驶舱

为什么冰不是从水底冻起,而是从水面冻起?

绝大多数物体都有热胀冷缩的特点,液体也有这一特性。但水却有些特别,那就是只有在 $4^{\circ}C$ 以上时,才符合热胀冷缩的特性。

水有一个奇怪的特点,是它的密度随着温度的变化而变化。当水温降低时,水的密度变大,而当水温升高时,密度反而会变小。在天气变冷的时候,湖面上散热比较快,导致湖面的水遇冷收缩,体积变小,也变得比较重,致使这些水沉入湖底。与此同时,湖底比较暖和的水就浮在湖面上来,这样就形成了对流,使本来上面冷的水和下面热的水变得温度相同。可是,当湖里的水达到 $4^{\circ}C$ 时,加上天气越来越冷,湖面的水不断散失热量,也就是说当温度达到 $1^{\circ}C$ 时,这时的冷水就开始膨胀变轻,所以湖面上这层冷水不会沉下去,而是留在了最上面。

等湖面的水到了 $0^{\circ}C$ 时,就开始结冰,先是从表面上开始结一层薄薄的冰,到温度再下降时,冰层会变得更厚,而冰下的水仍然保持在 $4^{\circ}C$ 的温度。

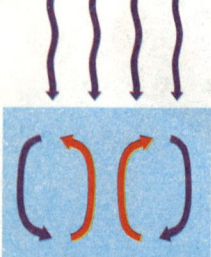

外界气温降低时,湖表面的水密度变大,沉向湖底,湖底的水浮上水面,形成对流。

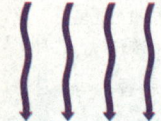

当湖面开始结冰,对流也逐渐减慢,冰的体积变大、密度变小浮在水面,而湖底的水仍保持 $4^{\circ}C$。

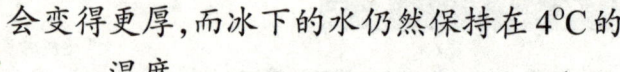

关于水……

水是自然界最为重要的物质,摄氏温标以水的冰点为零度。在温度为 $0^{\circ}C$ 时,水会存在两种状态,即液态的水和固态的冰。而水变成冰后,体积比原来的水的体积要大。

关于科技和人体有趣的问题

为什么水沸腾后温度不再升高？

水在自然界有三种状态，当液态的水加热到100°C时，它的温度就不再升高了。为什么会出现这种情况呢？即使我们加入再多的热量，增加的热量也只是使水汽跑到了空气中，而水的温度是不变的。也就是说，增加的热量正好使水变成了水蒸气，热量没有积存下来。所以，会有水蒸气连续不断地蒸发，直到水烧干为止。

为什么高山上水沸腾得快？

水的沸腾跟大气压有很大关系。只有当水面上的气压能够阻止水分蒸发成水蒸气时，才能使沸腾的水增高温度。随着海拔高度的增加，空气的压力在减小。大气压的减小也就让水在不到100°C时就沸腾了。在高山上煮鸡蛋或其他食物很难熟。

正常大气压下，水的沸点是100°C。

海水为什么不结冰？冰山是海水结的冰吗？

其实并不是这样的，海水也会结冰，只不过和淡水相比困难了一点而已。这里面的原因是多样的。

首先，海水里面含有盐分，盐降低了海水的冰点。淡水在0°C的时候就会结冰，而海水不同：含10‰盐度的水冰点为−0.5°C，35‰盐度的水冰点是−1.9°C。地球上各大洋海水平均盐度为34.48‰，因此，海水的冰点在−1.9°C左右。

其次，淡水在4°C时密度最大，而海水的密度随着含盐量的增加而降低。所以即使海水达到冰点，若是没有达到海水的最大密度，海水的对流混合作用不停止，也妨碍海水的结冰。

冰山是下雪时由雪花积压而成的，它属于淡水，不是海水。

在寒冷的南极，海面上终年都漂浮着冰块和冰山。

有什么办法把地球上的太阳能全用起来?

太阳距离地球约1.5亿千米,它每秒钟通过电磁波传至地球的能量相当于500多吨煤燃烧所放出的热量,这相当于一年中仅太阳能就有130万亿吨煤的热量,大约为全世界目前一年耗能的一万多倍。太阳能是各种可再生能源中最重要的基本能源,也是人类可利用的最丰富的能源。如何合理利用太阳能,降低开发和转化的成本,是新能源开发中面临的重要问题。全世界无数科学家在从事这个领域的研究。

太阳能一般是指太阳光的辐射能量。太阳能的利用有被动式利用(光热转换)和光电转换两种方式。广义上来说,风能,化学能,水的势能等等都来源于太阳能。

现在,世界上已经建成数十个太阳能电站,它们用反射镜把阳光反射到集能器上,生成水蒸气,水蒸气带动蒸汽涡轮机生成电能。

在人造卫星上,有两个巨大的"翅膀",它就是太阳能电池,由硅制作而成,可以把光能直接转化为电能,给卫星提供持续的能量。

太阳能的其他利用,如利用太阳光的热量加热水,并利用热水发电,以及利用太阳能进行海水淡化,等等。

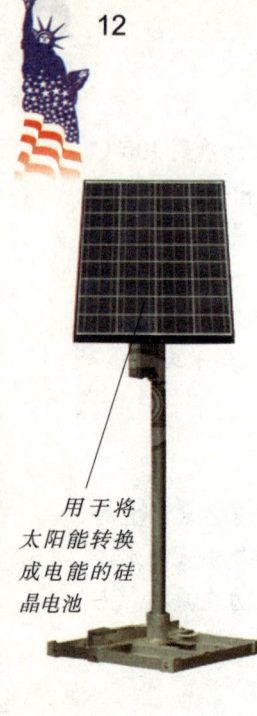

用于将太阳能转换成电能的硅晶电池

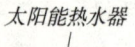

太阳能热水器

关于科技和人体有趣的问题

太阳能热水器是怎样把冷水加热的？

太阳能热水器是太阳能在日常生活中最为普通的应用了，它大都安放在屋顶或其他向阳的地方，利用平板集热器可以把冷水加热到40～60℃，为家庭、旅馆、医院和浴室提供卫生用水。在阳光充足的天气，一般早晨加上冷水，下午就可以取用被太阳能加热的热水。那么热水器是用什么原理加热冷水的呢？

首先，我们先看一下太阳能热水器的结构。太阳能热水器通常都是由集热器、保温贮水箱、连接管道、支架和控制系统组成，如果按照集热器原理和结构给热水器分类的话，可以分为平板型热水器和真空管型热水器。

最普及的是全玻璃真空管型热水器，它像一个拉长的暖水瓶，由数根管长为1.2米或1.5米，内外径分别为37毫米和47毫米的同心圆玻璃管经抽真空而成。它用真空管集热，促使管内水温高于水箱水温，因热水比冷水轻形成对流，最终使水箱中的温度达到使用所需的温度。

硅太阳能电池

阿尔发空间站

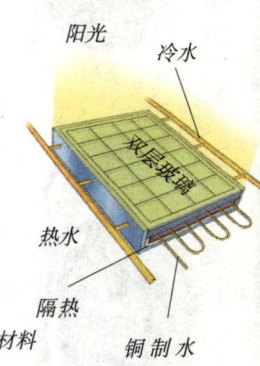

太阳能热水器

炸药的威力为什么这么大,是谁发明的?

炸药爆炸,并不是因为炸药里蕴藏着特别大的能量。1千克炸药爆炸时所放出的能量,并不比1千克木材燃烧时放出的能量多。实际上,炸药爆炸时产生的巨大威力,是因为炸药释放能量的速度特别快造成的。试想燃烧1千克的木材,无论炉火有多旺盛,木材总是一点点地燃烧,如果把同样重量的炸药投入炉膛,炸药仅在十万分之一秒内,就把它含有的全部能量释放出来,平均每秒钟放出的能量有一亿焦耳,在这样的能量冲击下,火炉连同房屋就会一起炸毁。

最早的炸药是黑火药,是在1000多年前由中国的炼丹师们发明的,它的主要成分是硝石、硫粉和炭粉,由于它的颜色是黑的,所以被称之为黑火药。火药是从中国经过印度传给阿拉伯人,又由阿拉伯人把火药和武器一道经过西班牙传入到了欧洲。

定时炸弹

手雷

手雷

炸药爆炸在极短的时间内,能够产生大量气体,气体由于来不及扩散,就会在爆炸中心形成强大的大气压力,同时产生几千度的高温。

关于科技和人体有趣的问题

炸药是怎么发明的?

19世纪中叶,由于欧洲工业革命的影响,采矿、修筑铁路等都用一种的炸药。可实际上,人们使用的还是黑火药,所以就有人试图制造炸药。此后,许多科学家都开始研究炸药,也取得了一定的成功。可是,瑞典的诺贝尔不怕失败,用一种被称为硝化甘油来进行试验,发现效果非常好。1862年,他终于用"温热法"降服了硝化甘油,使之能够比较安全地成批生产。

矿山爆破

关于TNT……

TNT(三硝基甲苯)是一种烈性炸药,黄色粉末或鱼鳞片状,难溶于水,可用于水下爆破。由于威力大,常用来做副起爆药。爆炸后呈负氧平衡,产生有毒的一氧化碳。

诺贝尔与诺贝尔奖

诺贝尔被称为"炸药之父",1833年出生于瑞典一个贫穷的家庭里。为了生活,他从小随父亲漂泊到了美国,在父亲工作的工厂打杂,学到了一些化学知识。

之后诺贝尔立志研究炸药,终于在1876年的秋天,成功地研制了硅藻甘油炸药。之后在1880年又发明了无烟炸药——三硝基甲苯(又名TNT)。

诺贝尔把毕生的精力都献给了科学事业。他不仅在化学方面取得了卓越的成绩,而且他对光学、电学、枪炮学、机械学、生物学和生理学等方面也都很有研究。他一生共获得200多项技术发明专利。

诺贝尔开始发明炸药的时候,只是想让它在开凿矿山、修筑铁路的过程中,给人们带来帮助。当然,它的确带来了这样的效果。可是令他没有想到的是,炸药被一些军事专家利用了,他们生产出了杀伤力、破坏力极强的武器,也给战争下的人们带来了恐惧。基于这样的痛苦,诺贝尔在1895年11月29日签署了自己的遗嘱,设立"诺贝尔奖",将他遗产的一部分作为基金存入银行,用每年的利息奖励那些为人类作出巨大贡献的人。

诺贝尔奖创立于1901年,包括物理学奖、化学奖、医学奖、文学奖、和平奖,1968年又增设了经济学奖。诺贝尔奖包括一枚金质奖章、一张奖状和一笔奖金。

诺贝尔

纳米到底是什么？

历史上的无数次飞跃，都是以材料作为时代主要标志的，例如石器时代、青铜器时代、铁器时代。材料是科学技术的先导，没有新材料的发展，不可能使新的科学技术成为现实的生产力。于是在不知不觉中，纳米就进入了我们的生活。

纳米材料的概念形成于20世纪80年代中期，由于纳米材料会表现出特异的光、电、磁、热、力学、机械等性能，纳米技术迅速渗透到材料的各个领域。尽管纳米科技也才短短几年，但它带来的冲击却很明显。科学家相信，这项新兴技术将会带来新一轮的技术革命，人们也将凭借它进入一个奇妙的崭新世界。

实际上纳米是一种几何尺寸的度量单位，1纳米为百万分之一毫米，即1毫微米，也就是十亿分之一米，通俗一点说，相当于万分之一头发丝粗细。纳米结构通常是指尺寸在100纳米以下的微小结构。

纳米技术、信息技术与生物技术被称为21世纪的三大主导技术。纳米技术的发展将对材料科学、生命科学、医学产生极大的影响。

纳米抑菌袜使人穿着起来更舒适

用纳米技术生产的陶瓷新材料具有很多优于普通陶瓷的性能

关于纳米……

纳米是尺寸或大小的度量单位，是一米的十亿分之一，4倍原子大小，万分之一头发粗细。纳米技术是指制造体积不超过数百个纳米的物体，其宽度相当于几十个原子聚集在一起。

关于科技和人体有趣的问题

什么是纳米材料？

纳米虽然是个长度单位，但纳米带来的却是技术上的革命。也就是说，当物质到纳米尺度后，在1～100纳米这个范围，物质的性能就会发生突变，出现特殊性能。这种既具有不同于原来组成的原子、分子，也不同于宏观的物质的特殊性能构成的材料，即称为纳米材料。如果仅仅是尺度达到纳米，而没有特殊性能的材料，也不能叫纳米材料。纳米材料属于新材料范畴。

材料和新材料有什么不同？

材料是指能用来制作有用物件的物质。比如金属、陶瓷、塑料等。由于科学技术的发展，人们对传统的材料的组织成分、制造工艺等进行了改造，制造成了新型的具有独特功能的材料，也就是我们说的新材料，又叫新功能材料。

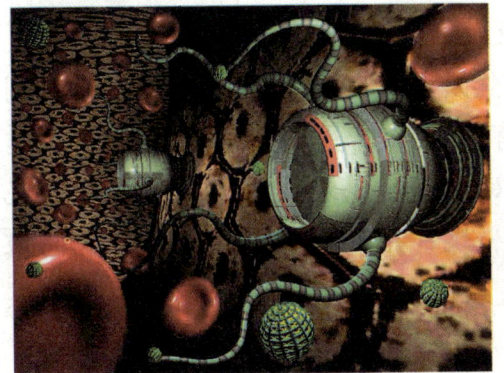

用纳米材料制成的机器人在人体中检测病毒

纳米技术有什么应用？

纳米技术的应用范围很广泛，可以应用在不同的领域之中。

纳米技术可以应用在陶瓷上，使陶瓷具有像金属一样的柔韧性和可加工性；在微电子学上，如碳纳米管；在生物工程上，在光电领域。例如，纳米技术用于现有雷达信息处理上，可使其能力提高10倍至几百倍；在化工领域，纳米粒子作为光催化剂，有着粒径小，表面积大，光催化效率高等优点；在航天和航空中，微型航天器使用纳米制作的测试和控制电子设备，并且使用抗热障、耐磨损的纳米结构涂层材料。

此外纳米技术在医学、环保、分子组装等方面的应用都有长足的发展。

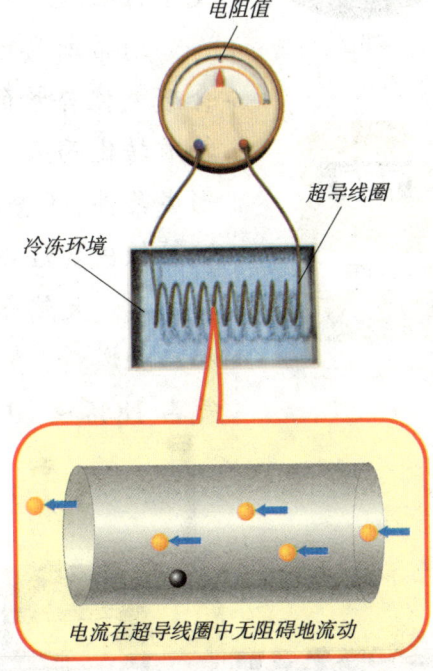

在很低的温度环境中，材料能获得超导电。

天然气是不是空气中的成分，它和煤气一样吗？

我们经常能听到"天然气"这个词，或许有人会认为它和空气有什么关系。天然气是不是空气的成分呢？其实天然气和空气是没有什么必然联系的。那天然气是什么，和煤气有什么不同吗？

天然气壁炉

煤气是用煤或焦炭等固体原料，经干馏或汽化制得的，其主要成分有一氧化碳、甲烷和氢等。这些物质都是很易燃的，所以，煤气容易在空气中形成爆炸性混合物。煤气也有毒，煤气中的一氧化碳容易和人的血红蛋白结合，使其失去和氧气结合的能力，容易发生煤气中毒。

煤气灶

液化石油气充气站

通常所称的天然气是贮存于地层较深部的一种富含碳氢化合物的可燃气体。天然气由亿万年前的有机物质转化而来，主要成分是甲烷，此外根据不同的地质形成条件，还含有不同数量的乙烷、丙烷、丁烷、戊烷、己烷等低碳烷烃以及二氧化碳、氮气、氢气、硫化物等非烃类物质。天然气是一种重要的能源，广泛用作城市燃气和工业燃料；在20世纪70年代世界能源消耗中，天然气占18%～19%。天然气也是重要的化工原料。

关于科技和人体有趣的问题

为什么汽车喜欢用天然气？

汽车使用的天然气的主要成分是甲烷，其余为乙烷、丙烷、丁烷及少量其他物质，主要是因为它们燃烧时，放出的热量多，点燃的时候需要的温度很高，这样不容易发生爆炸，安全可靠。

除此之外，汽车使用燃料气体在工作时需要和空气混合，相比之下，压缩天然气(CNG)在汽车上与空气混合时同为气态，混合均匀，燃烧完全。

而且，天然气汽车比使用普通燃料(如汽油或柴油)汽车的一氧化碳排放量要低得多，自然对环境的污染要小得多。

> **关于沼气……**
> 如果把农作物的秸秆、树木、藻类，以及各种废弃物等混合在一起让它们发酵，就能生产出一种称为沼气的燃料，是有机物质发酵后产生的可以燃烧的气体，主要成分是甲烷。

液化气是什么？

通常，人们生活中的燃烧气源大致分为液化石油气、人工煤气、天然气三大类。

液化石油气是石油在提炼汽油、煤油、柴油、重油等油品过程中剩下的一种石油尾气，通过一定程序，对石油尾气加以回收利用，采取加压的措施，使其变成液体，装在受压容器内，液化气的名称即由此而来。

液化石油气的主要成分有乙烯、乙烷、丙烯、丙烷和丁烷等，在气瓶内呈液态状，一旦流出会汽化成比原体积大约250倍的可燃气体。液化石油气比空气重，其比重为空气的1.5～2倍，在空气中浓度较高时，对人的中枢神经有麻醉作用，如果燃烧不完全，会产生一氧化碳等有毒气体。

而液化石油气完全燃烧时，需要大量空气助燃。1立方米液化石油气完全燃烧大约需要30立方米空气。

液化石油气与空气混合后易燃、易爆，在空气中的液化石油气浓度达到1.5%～9.5%时，遇到明火就会燃烧或爆炸。

美国孩子最喜欢问的为什么

如果没有火箭,人类还会不会飞天?火箭是怎样飞上天的?

自从有了第一次空中飞行,人类翱翔蓝天的梦想就逐渐成为现实。从那一天起,人类开始征服头顶上的苍穹,认识时间和空间的概念也发生了变化。即使在科学不发达的年代,人们丝毫也没有放弃飞翔的愿望。只是这种愿望往往很遥远,或者就是以失败告终。火箭发明后,它就成为了承载这些飞天梦想的主要"武器",那么,火箭究竟是什么?它究竟是如何克服引力遨游天际的呢?

火箭是依靠发动机喷射工作介质产生的反作用力向前推进的飞行器,可以在大气层内,也可以在大气层以外飞行。火箭里装有许多燃料,当燃料燃烧时,会猛地向后喷出大量气体,同时产生巨大的反作用力,使火箭向前高速飞行。要想飞得高,就需要多级火箭。当第一级火箭燃烧完后,自动掉下来,同时点燃第二级火箭,这时火箭重量轻了,火箭速度也就加快了。如果火箭前面装的是人造卫星,用多级火箭就能把它送入太空。这样,火箭就飞上天了。

火箭的发明实现了人类飞天的梦想,是实现航天飞行的运载工具。

关于科技和人体有趣的问题

最早的火箭是什么？

大约在13世纪以后，中国就有了一种用于作战的武器，它是在普通的羽箭上绑上一节前端封闭、后端开口的火药筒。点火后，利用火药燃烧产生的气体推进，箭就会向前飞去，当时的人们就称它为火箭。现代火箭就借用了它的原理，名字也是借用那时的。

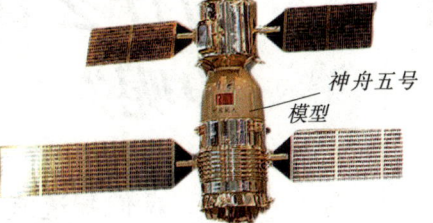

神舟五号模型

运载火箭

运载火箭能把各种航天器送入太空，是人类航天事业的基础。著名的运载火箭有俄罗斯的"联盟""质子"，美国的"宇宙神""德尔塔"，欧洲航天局的"阿丽亚娜"系列，中国的"长征"系列运载火箭等。

导弹和火箭到底哪个更厉害？

有人可能认为导弹和火箭是一回事，其实它们之间还是有差别的。火箭在几百年前就有了，而导弹则是在第二次世界大战将要结束时才出现的。现代火箭虽然比先前的火箭复杂得多，不过基本原理是没有改变的。现代火箭的头部装上炸药或弹头，它就变成了一种武器；如果它的头部装上各种科学探测仪器，它就变成了一种科学研究的工具，比如常见的气象探测火箭，当它和载人的飞船连在一起后，就变成了星际航行的运载工具了。所以，火箭和导弹没有谁比谁更厉害一说，只不过应用的领域不同罢了。

火箭和导弹的飞行原理很不一样。火箭能借助本身的动力飞行，是一种用途广泛的运载工具；而导弹是一种军事武器，它本身并不能飞，而要借助火箭发动机或空气喷气发动机才能飞行。

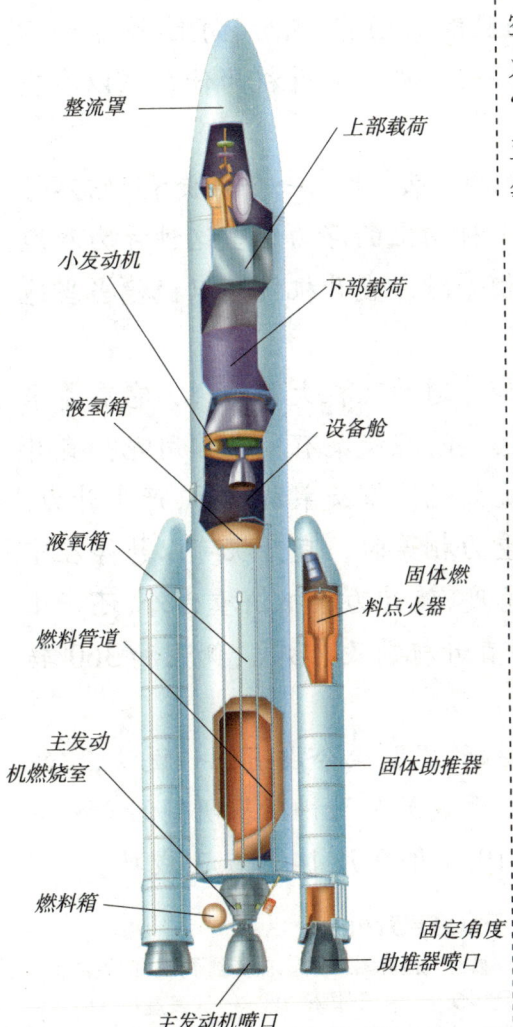

整流罩 / 小发动机 / 液氢箱 / 液氧箱 / 燃料管道 / 主发动机燃烧室 / 燃料箱 / 主发动机喷口 / 上部载荷 / 下部载荷 / 设备舱 / 固体燃料点火器 / 固体助推器 / 固定角度助推器喷口

为什么直升机可以停在半空中呢?

我们知道直升机和普通飞机是不同的,它能随意快速地进行升降,而普通飞机却做不到。直升机以其方便灵活的特点越来越受到人们的重视。它不仅能够垂直起飞和降落,而且能够朝前、朝后、向上、向下随意飞行,甚至还可以停在空中。直升机为什么可以在空中停留呢?

这是由于直升机的"头"上有一个螺旋桨,它不停转动会使空气产生一种向上的浮力。当这种浮力和地球对飞机的吸引力相等时,直升机就可以稳稳当当地停在空中了。

直升机的样子和普通的飞机大不一样,它有着很大的螺旋桨,这个巨大的螺旋桨有什么作用呢?直升机的飞行全靠着螺旋桨呢!螺旋桨旋转后,产生升力,当升力与直升机的重力相等时,直升机可以悬停在空中。改变螺旋桨的角度,使升力除抵消重力外,还产生一个分力,就可以使直升机前飞、后飞、侧飞和360°转弯等。

直升机的发明至今没有统一说法,比较公认的是美籍俄国人西科斯基研制的 VS-300,它于1939年9月14日试飞成功。

武装直升机"科曼奇 RAH-66"

V-22 武装直升机

阿帕奇 AH-64

> **关于武装直升机……**
> 直升机自发明之时起,就受到了广泛的关注。而且很快被应用于军事领域——武装直升机,它是装有武器为执行作战任务而研制的直升机。

关于科技和人体有趣的问题

武装直升机为什么会受到如此的重视呢?

20世纪40年代,因为战争需要,有人在直升机上安装了武器,像这样加了武器的直升机就是武装直升机。

首先给直升机加武器的国家是德国,他们在Fa－223运输直升机上加装了一挺机枪。

到了50年代,美、苏、法等国也都分别在直升机上加装武器。开始的目的主要用于自卫,后来也用来执行轰炸、扫射等任务,但是由于不够"专业",美国在20世纪60年代的越南战争中,直升机损失惨重。后来,美国吸取教训,专门研究适用于战争的武装直升机。第一种专门设计的武装直升机是美国的 AH － IG,1967年开始装备部队,并用于越南战场。

直升机在战争中备受重视的原因是它自身的特点:首先是它机身小,灵活性好,飞行速度很快,而且可以低空飞行,可以很好地隐蔽。此外,安置了武器的直升机,杀伤力大,在战斗中优势明显。

于是,基于以上种种优点,直升机越来越受到青睐。

直升机可以分为哪几类?

按军事用途划分,直升机大体分为两类:运输直升机和武装直升机。运输直升机主要用来运送人员和装备,救护伤员,联络通信等;武装直升机机载武器有机枪、航炮、火箭弹和反坦克弹等,可为运输直升机护航,攻击地面部队和坦克。此外,还有反潜直升机、侦察直升机等。

收音机

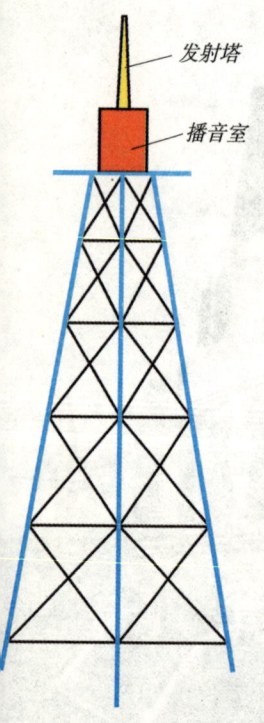
无线电波
发射塔
播音室

电视和广播是怎么传输信号的，我们为什么能看到和听到它们？

电视和广播是我们经常接触到的媒体，是我们获取信息的渠道，也是我们娱乐的来源之一。那电视和广播是如何传输信号的呢？

我们听到的广播节目要归功于无线电波的作用，是它们让信息在远距离之间传送。无线电发射台以规定的无线电信号频率发射电载波。信号在调制的过程中，信息被加到载波上。发射台将调制信号传送到发送塔，发送塔将交变电流转换为无线电信号，经调制的载波波形被无线电信号所发射。接收机接收到所有频率的信号，再利用调谐电路从中分离出专有信号，并将这种信号变成原态信号，所以我们也就听到了与电台人员一模一样的声音。

与此相似，电视节目也是这样的，只不过它要将电视画面分解成许多小粒子，每个小粒子按光源的强度不同，变成易于传送的电源信号，再按接受电流信号的顺序组合形成画面。

播音员在播音室内播音

关于电视……

1900年，英国人康斯坦丁·帕斯基在为国际电联会议起草的报告中，第一次正式使用"电视(television)"一词，1925年，拜尔德在英国首次成功装配世界上第一台电视机。

什么是网络电视？

对于传统的电视,观众只能被动地接收电视节目,无法对节目的内容进行随意的点播。

而网络电视不但可以进行控制,而且还可以随意点播,用户在家中可通过个人电脑或者"网络机顶盒＋普通电视机"的方式来接收网络电视节目。

用户可以在任何时间点播那些已经播放过但自己有特殊兴趣的电视节目,可以对节目进行快进、慢放等调节,甚至可以在节目播放的过程中进行电脑的操作,随时发个帖子,聊聊天,查查资料等。

这样观众就有了足够的主动权,可以随意点播自己喜欢的节目。

网络电视可以自行选择要观看的节目

用网络电视进行多个节目的浏览

液晶是最好的显示材料吗？

液晶是一种处于固态和液态之间的奇特物质。它既具有液体的流动性,又具有晶体的各向异性,因而获得了液晶这个形象的名字。当液晶的温度上升到一定值后,它就成为不可流动的透明液体;而当它的温度降到某一值时,又变为不流动的晶体。在这种转变的过程中,常伴随有颜色的变化。

利用液晶的这个特点,1973年出现了世界上第一代液晶显示计算器。现在,液晶已广泛用于电子显示方面,如电子表、计算器、电视机监控盘、汽车仪表盘和温度计的液晶传感器等。手提电脑的显示屏也是用液晶制成的。用液晶还可制成挂在墙上的彩色电视机。这些液晶显示器是由贴有透明电极的两片玻璃板,中间填充液晶构成的。

液晶显示器的好处很多,它的影像画面质量更加清晰,颜色更加饱满,体积轻巧,节省空间。液晶没有辐射,对眼睛的伤害大大减小,耗费的能量少,散热少。

什么是数字电视？

电视机是接受电视广播的装置,它接收电视台发射的电波,然后由调谐电路变成图像和声音。数字电视是不同于传统的一种技术手段,它将电视信号以数字形式进行传输,节目以数字方式拍摄、制作和存储。它主要以卫星、地面光缆等方式进行传输。

液晶电视

电影是什么时候出现的?

如果要问电影是什么时候开始的,你就要先知道摄影是什么时候开始的,照相机的发明无疑是摄影的开始,而电影是在摄影技术上的进一步发展。现在,我们生活中的许多故事都被用电影展现出来了,可是电影它究竟是什么?如果时光倒退100多年的话,那样的故事一定很神秘,可现在它每天都在我们的身边,我们离不开电影,是因为电影给我们带来了生活上的快乐。这样来解释电影吧,如果摄影是将一张风景拍摄下来,那么电影就是将无数个静态的影像动起来。这就是我们平常所看的电影,它只不过是无数个静的点以很快的速度重合后的展现。

1895年,法国卢米埃尔兄弟发明了电影放映机,电影也由此开始了。最开始的电影和现在的电影不是相同的,由于当时技术条件的限制,画面都极其简单,也不是彩色的,还没有声音。不过,它已经具有电影所包含的本质东西,能把一些静态的图片相连,然后卷在轴上,通过放映机把它投射到银幕上。1927年10月6日,在华纳兄弟公司出品的《爵士乐歌手》中,主角开口说了话:"等一下,等一下,你们还什么也没听到呢。"这一句话,标志着一个电影新时代的来临,电影也开始从无声向有声转变。

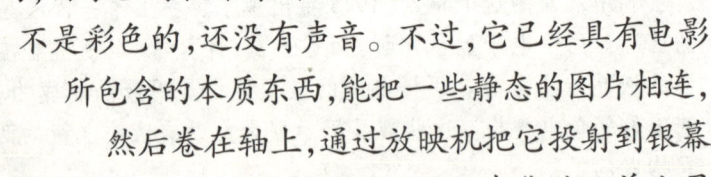

关于科技和人体有趣的问题

电影怎样分类？

经典影片《乱世佳人》

电影大体上分为故事片、美术片、记录片、戏曲片，等等。而在这些种类中又包含若干片种。如故事片中有喜剧片、西部片、爱情片、科幻片等；美术片中有动画片、木偶片、剪纸片等；记录片中有传记记录片、文献记录片、新闻记录片等。

电影是一门综合艺术，包括文学、戏剧、绘画、建筑、音乐、舞蹈等各种艺术成分。作为综合艺术，电影有它自己的特征：编剧、导演、演员、美术、摄影、录音多个创作部门有机配合而产生的集体创作；利用现有的一切手法去表现其主题，如演员的对白、独白、面部表情，音乐的插入等等，因为它汇聚了如此多的艺术元素，使得电影也有着广泛的群众基础，被广大的观众所瞩目。

银幕上第一部喜剧片《水浇园丁》

好莱坞是什么？

提到电影就不得不提到好莱坞，好莱坞几乎可以说是电影的代名词，那么究竟好莱坞是什么？

好莱坞是位于美国加利福尼亚州洛杉矶市郊区的美国著名电影生产基地。它是英文 Hollywood 的译音。这个词的原意是冬青树林，因为它的女主人曾经在这儿种植了大片的冬青树。

好莱坞明媚的自然风光、充足的光线和适宜的气候是拍摄电影的天然场所，于是自1909年开始，许多电影公司纷纷来这里拍片，开始了美国电影业从纽约移师好莱坞的大转移。

很多著名的电影公司纷纷落户好莱坞，如20世纪福克斯公司、华纳兄弟公司、环球公司、哥伦比亚公司，等等。起初的电影都是无声的，但是自从1923年，有声电影问世，好莱坞便空前繁荣起来。

经典影片《罗马假日》

美国著名电影生产基地好莱坞

计算机是怎样工作的？

随着现代社会的发展，人们的生活已经越来越离不开计算机了，计算机构成了人类生活的基本组成部分。人们利用电脑操作生产，控制数据，进行网上冲浪、游戏、娱乐、学习等等活动。但是我们只是使用计算机，究竟计算机是怎样工作的，它的原理是什么，恐怕就只有很少的人知道了。

总的说来，计算机分成五大基本部分：输入设备、存储设备、运算器、控制器和输出设备，这五大部分缺一不可，缺少其中一项，计算机就不能称之为计算机了。

计算机系统由硬件系统和软件系统组成。计算机硬件系统是指构成计算机的所有物理部件的集合。从外观上看，由输入设备、存储设备、运算器、控制器和输出设备组成。计算机软件系统是一些由"0"和"1"组成的计算机指令集合的程序。

硬件就像我们人体的躯干，而软件则是指挥我们躯体运动的大脑。缺少了软件的计算机是没有灵魂的，不能使用了；而缺少了硬件，则软件没有载体，同样是毫无用处。所以说，软件和硬件的完美组合，才能有性能卓越的计算机。

显示器
手绘板

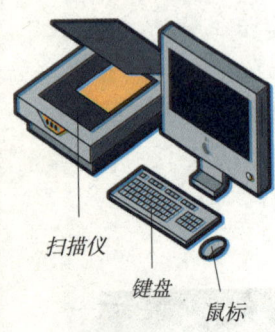

扫描仪
键盘
鼠标

光盘
软盘驱动器

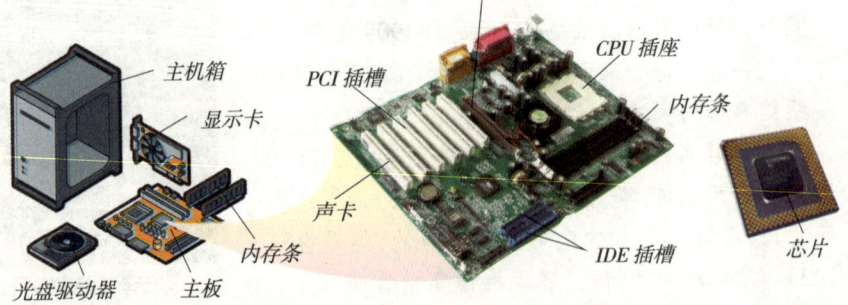

主机箱　显示卡　AGP插槽　PCI插槽　CPU插座　内存条　声卡　IDE插槽　芯片　光盘驱动器　主板　内存条

关于科技和人体有趣的问题

宇航员离开地球轨道飞向月球时,为什么会失重?

这个时候虽然飞船离开地球很远,但仍然受到地心引力的作用,只不过地球对飞船的引力恰好等于飞船绕地球旋转的离心力,因此飞船和宇航员都处于一种失重状态。

质量与重量不同,重量表示物体所受重力的大小。宇航员的质量是固定的,不管在宇宙的哪一个地方,都是不变的。然而,它在行星和月球上的重量是不一样的。因此,重量是人与行星之间的相互作用力。

牛顿的万有引力定律指出,自然界中任何两个物体都以一定的力互相吸引,吸引力与它们的质量成正比,与距离平方成反比。这就意味着人和地球互相吸引,吸引力是一般大的。但加速度与物体的质量成反比,质量越小的,加速度越大。因此,质量小的人会加速向地球靠近。当宇航员离开地球时,他与地球之间的相互作用会发生变化。地球的引力一直向外扩充,月球的引力也是如此。当宇航员飞向月球时,在某一处,月球的引力会超过地球的引力,这时,他就不会坠向地球,而是向月球靠近。也就是说,虽然离地球或月球表面远时引力会变弱,但在整个飞行过程中,引力始终是存在的。

引力使地球和其他行星沿着椭圆轨道绕着太阳公转

关于超重……

和失重相反,如果外界对支持物的压力超过物体本身所承受的重力叫作超重。失重和超重平时也都会有体会,比如说乘坐电梯。电梯启动上升时,我们和电梯一起有一个向上的加速度,此时我们超重了。当电梯启动下降时,我们和电梯一起有一个向下的加速度,此时我们失重了。

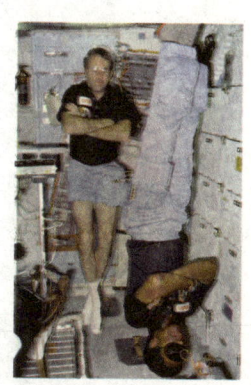

什么是化石？它们都是怎样形成的？

恐龙蛋化石

始祖鸟化石

化石是动物或植物死亡后的残体。这些残体在地壳中经过长时间的埋藏，最后成为了地壳的一部分。

化石有很多种类。化石可能是经过了成千上万年地下封藏的动物身上的一根实实在在的骨头或者是一颗牙齿，就像现在发掘出来的很多恐龙和鱼类的化石；或者它也可以是一个原有生物多骨部分的复制品，在这里面充满了来自地下的矿物质。化石也可能是原有生物的身体的一部分或者是它们生前留下的印记：例如，一个用细小的海洋生物的骨骼雕琢成的宝石。

最受关注的化石恐怕就要数恐龙化石了，恐龙早在人类出现之前就已经全部灭绝了，现在对恐龙的研究全部来源于化石。但是，关于谁是第一个发现恐龙化石的人至今没有一个固定的说法。根据记载，认为1822年一个叫作蒙泰尔的英国医生的妻子发现的禽龙牙齿化石是人类发现的第一枚恐龙化石。之后经过了一百多年的努力，人类才大致了解了形形色色的恐龙世界。

恐龙化石

关于琥珀……

琥珀是一种有机体矿物。透明，蜜黄色或红色，有树脂光泽。是史前植物的松脂状沉淀物经埋藏、石化而成。主要产于白垩纪或第三纪的砂砾岩或煤层的沉积物中。

关于科技和人体有趣的问题

化石是怎样形成的？

化石的形成需要经历很多步骤：

首先，当一个生物死亡之后，矿物质会渗透进入慢慢腐烂的贝壳或者骨头的缝隙里，并且阻止骨头或是贝壳的腐烂。

酸性的物质可以分解贝壳而留下贝壳的印记或是贝壳的一部分紧紧地贴在岩石上，形成一个模子，之后一些矿物质会填充到留下的模子里，并且腐蚀岩石，形成一个原来生物的复制品。

一般来说，这些化石都是慢慢成长中的山脉的一部分或是边缘的部分。当这些山脉发生变化的时候，变化引起在山脉边上的石块和泥土落入水中，并且随着水流流入大海，在那儿它们被海底的沉积物给包裹住了。

沉积物的包裹保护化石不被细菌侵蚀并且存在干燥的地底，这样它们就不会腐烂。

大部分的化石都是在水体以下或者是曾经被水覆盖过的地方被发现的。

恐龙脚印化石

三叶虫化石

鱼化石

化石的形成需要什么条件吗？

化石在地下形成需要好几个特殊的条件，但是其中最重要的是样本必须要避免风吹雨淋。

首先，一株植物或是一只动物的尸体必定是被埋在灰土里或是沉积物里（沉积物是由小片的石头、砂砾和沙子组成）。

其次，如果是昆虫，则可能陷入会慢慢变硬的液体琥珀中。据科学家估计，琥珀已经存在了150万～300万年。

最后，化石最好的潜在来源是曾经有过火山剧烈活动的地方。

琥珀

物体变热的时候为什么会发出光呢?

所有的物体都是由原子组成的。原子从外界接收到热量后就会震动，接收的热量越多，震动就会越剧烈。原子的震动就会有电磁波的释放，而被释放出来的电磁波的特性由物体的温度来决定。

冷的物体放出的电磁波主要是低频率的波，而热的物体主要是放出频率高的波。物体温度增加了，原子增加了能量，它的震动剧烈，从而导致相应的高频率的光被发射。

人体也会往外发射波，但这些波的波长主要都集中在红外线的范围内，而这些光线被我们以热的形式感觉到。

物体在温度较高时发射出频率较高的光，这种高频率的光刚刚达到人眼可以看见的范围的时候，我们看到的物体就是红色。如果物体的温度持续上升，发射出频率更高的光，看到的颜色就会是橙色或是黄色。温度再继续升高，物体发射的可见光的总量覆盖了整个光谱，我们看到的物体就是白色，因此也就有了"白热"这条术语。

白炽灯的灯丝达到一定温度就会发出光来

无线电波望远镜是用来接收遥远天体发射的无线电波的仪器

> **关于光……**
>
> 平时看到的光是白色的，因为光是混合光，是由红、橙、黄、绿、青、蓝、紫这七色光组成的。我们看到物体上的颜色，恰恰是物体反射出来的光的颜色，并不是它吸收的颜色。

关于科技和人体有趣的问题

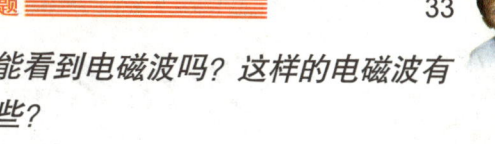

人能看到电磁波吗？这样的电磁波有哪些？

自然界中的可见光

电磁波到处都是。紫外线和X光射线是高频率电磁波的典型例子，而传送广播和电视信号的电磁波频率要低些。

我们的眼睛只能看到很小范围的电磁波，我们认识那些波从红色到紫色，波的颜色由频率决定。

紫色是可见光中频率最高的，排在可见光光谱的最后，而红色则在光谱的最前面，因为它的频率最低。白光就是所有光的集合。

比红光频率更低的是红外线，人类的眼睛是看不见的，但是红外线可以以热量的形式被感觉到。紫外线就是比紫色光的频率更高的光，同样人也是看不到的。

所有物体都吸收电磁光。物体的温度决定了哪种频率的光占主导位置，并且决定了你看到的物体的颜色。

西红柿反射了红色的光，所以人眼看到的西红柿是红色的。

什么是电磁波

电磁波是由电场和磁场构成的能量波，可以穿越真空，以光的速度传播。电磁波包括无线电波、可见光波、红外线、紫外线、X射线等。我们平常看电视或收听收音机，都是广播电台用电磁波的形式把信息传递过来的。

手机是用无线电波来传播信息的

什么是波？

波是一种振动，通过振动可以把能量由一个地方传到另一个地方。有的波可以看到，例如水波，还有许多波是看不见的，例如无线电波、声波。一切波都是由波源产生的，根据波源的振动方向与波的传播方向，可以将波分为横波和纵波。横波的振动方向和波的传播方向是互相垂直的关系。

美国孩子最喜欢问的为什么

为什么自行车向前踩可以向前走，向后踩不能向后走？

和汽车一样，自行车也需要动力，但是和汽车不一样的是自行车没有发动机，它的动力来源是骑自行车的人，换句话说，人就是自行车的发动机。而有了"发动机"产生的动力，自行车才能产生运动。

我们骑自行车的时候，是因为车的飞轮里面装有离合器，它能在链条带动飞轮的链齿外圈时，外圈内部的棘轮将力通过棘爪传递给后轮，后轮就转动前进。除此之外，离合器还有一个重要的功能，就是当骑自行车的人停止脚踏时，后轮的棘爪能够在棘轮上滑动，超越静止的外圈棘轮，能听见棘爪发出的"嗒嗒"声。因为棘轮只能单向地传递向前的力量，而不能向后传递力量，所以才使得自行车具有这种正常功能，不能向后行驶。

随着科学技术的发展，自行车的发展也进入了新的领域。人们已经不再满足人力发动了，于是电动自行车产生了。电动自行车是指以蓄电池作为辅助能源，具有前后两个车轮、能实现人力骑行、电动或者电助动功能的特种自行车。

关于自行车的发明……

德国男爵卡尔杜莱斯是公认的自行车发明人，他在1817年制造出有把手的脚踢木马自行车，他在车子前轮上装了一个方向把手，这是人们最早的自行车印象。

为什么有的自行车前后都可以走？

在一些特殊状态，飞轮的功能也有例外。例如在杂技表演中，有前后都能行进的表演用自行车，这种自行车的后链轮里面没有棘轮和千斤，是直接传动的。还有一种"死飞轮"是禁止使用的，就是一种自制的"小飞轮"，因为齿数太少，传动比大，骑行特快，这是一些旧时的自行车"飙车族"自制的，但是骑行危险，在前进时，没有"超越离合器"的作用，双脚不能停下，制动时也容易发生事故。

在杂技表演中，有前后都能行进的表演用自行车。

发动机

摩托车和自行车有什么不同？

不管自行车有多好，乘坐摩托车和自行车是完全不同的感受。摩托车和自行车的不同在于，它属于动力机械，也就是说，它有自己独立产生的动力机构。而自行车则需要靠我们人的外力作用，摩托车最开始于汽车诞生之前。

摩托

数码相机比普通的相机好吗？

早期的相机

透镜

闪光灯

平时，我们出去旅游的时候，都会随身带一部相机，将美好的景象和自己定格下来，这样的时刻总是很美好。可你知道，它是如何实现我们这些愿望的吗？当按下照相机上的拍摄按钮时，就打开了快门，让一部分光在瞬间进入相机内部，光通过镜头聚焦在胶卷上，在按下拍摄按钮的瞬间，将照相机看到的景象记录下来。

胶卷是普通相机成像借助的媒质，它的表面涂有一层感光的化学药品，它能够将物体的景象储存起来，但要浸泡在另一种化学药品中，才能使图像显现，并永远保留下来。胶卷被冲洗成底片时，底片上显现出的图像与被拍摄的图像大小不同：深色调呈浅色，而浅色呈现为深色调，颜色也与真实的颜色相反。光穿透底片传到专门的相纸上时，所呈现出来的图像就正常了。

这就是普通相机的工作原理，也是所有相机工作的基础。可是近几年来，由于科学技术的进步，数码相机出现了。和普通相机相比，数码相机更为先进，它有良好的摄影性能。数码相机是用数字电子形式，而不是传统的胶片来储存图像的照相机。

关于科技和人体有趣的问题

为什么数码相机不用胶片？

这是因为数码相机在工作时，它的光学镜头能将图像聚焦在一种叫电荷耦合装置（CCD）的芯片上，它能把光分解成像素，并测出每个像素的亮度和颜色，然后将它们离散成可读取的数字文件形式。数字化的图像被保存在存储器芯片或硬盘上。照片文件也能直接传到计算机中。所以数码相机不需要胶片。

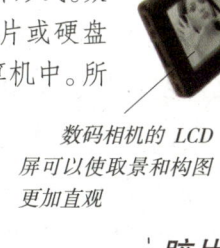

数码相机的 LCD 屏可以使取景和构图更加直观

数码相机拍摄的照片可用专用的打印机直接打印出来

胶片都有哪些类型？

我们经常使用的胶片主要有三种：黑白负片、彩色负片和彩色正片。黑白负片可以冲洗出黑白照片。彩色负片可以冲洗出彩色照片。目前市场上绝大部分胶片是彩色负片。35毫米胶片是最普通的胶片。

负片是指原物明亮部分在胶片上呈现暗色，暗的地方呈现亮色。要想获得正像，必须使光透过负片投在感光纸上，才能印出照片。

普通照相机通常使用的 35 毫米胶片

照相机与摄影有什么联系？

照相机的发明，开始了真正记录完整的影像过程，也是摄影的开始。先前的技术都无法达到完整地表示事物的特性，再非凡的画家也无法准确将事物形象地表述。所以说，照相机让人类的生活更加真实。摄影一词源于希腊语，意思是"用光作画"。现在通指用照相器材拍摄照片。

为什么方程式赛车的样式特别奇怪？

世界上第一辆汽车

F1 赛车

越野车

汽车的最初发明源于代步工具的需要，不过后来它就发生了改变。这样的变化，并不是说汽车改变了，而是汽车的功能发生了变革。在这里，我们来看一看方程式赛车，见过这种车辆的人都知道，它的样子显得特别怪，你知道这是为什么呢？原来，它是基于汽车比赛的需要而专门设计的。驾驶赛车不但是对运动员驾驶技能的一个考核，也是检验汽车性能优良程度的一种方式。所以，许多汽车制造商都在不遗余力地生产这种方程式赛车，通过采用新材料，使用新的技术来体现汽车本身的品质。这种汽车的车身看上去比较矮，前面都装有一块像鸭嘴一样的薄板，车轮显得宽而大，与一般的汽车大不一样。

汽车的速度是与汽车本身的结构有关系的。方程式赛车之所以特别适合用于比赛，这主要得益于车身的流线型的设计，有利于减少空气阻力。同时，由于车头和车尾都装有翼形的扰流板，能防止气流下钻，增强赛车轮胎与地面的附着力，提高赛车的稳定性。赛车的轮胎特别宽大，也是为了最大限度地增强与地面的附着力。

什么是一级方程式赛车?

对于方程式赛车比赛,是有严格规定的。也就是说,赛车的长、宽、重及轮胎直径等数据都有严格的规定,因为它的复杂程度和精确程度如同数学方程式一样。所以,人们就把这种赛车称为方程式赛车了。根据赛车汽缸容积和功率的大小,方程式赛车又分为一级、二级、三级。一级方程式赛车的汽缸容积为 3.5 升,功率为 350～380 千瓦,速度达到 300 千米/小时。

方向盘　发动机　前悬挂装置　安全杠

关于方程式赛车的名字由来……

方程式赛车来自英文"Formula",意思是"规则与限制"。因为比赛是在 FiA 所制定的规格与规则下制造赛车和进行比赛的,所有参加的队伍都必须遵守这套如方程式般精准的规则。

跑车和赛车是一样的吗?

跑车是一种双门单排座的小汽车,有固定顶的,也有可以折叠篷顶的。跑车多用中置发动机,使发动机转速保持在最佳状态,且采用机械变速器。所以,驾驶跑车在长时间中不容易感觉疲劳,高速行驶时风声也较小。很显然,它与赛车是不相同的。

法拉利跑车

为什么越野车的轮胎比较大?

与普通汽车比起来,越野车的轮胎显得自然大一点。不过,这也是它区别于普通汽车的不同之处。由于有了这样的轮胎,它距离地面的高度就高。也就是说,在松软的路面和沙滩上行驶时,这种宽轮胎可以缓解车轮下陷的程度。现在,许多越野车都使用的是调压轮胎,驾驶员可以根据不同的路面随意调节轮胎气压,改变轮胎的宽度。

是不是物质都有固体、液体和气体三种状态？

自然界各种各样的物质构成了我们的世界，而这些物质也成为维系我们生命的保障，例如水、岩石、大气等。可以想象，如果没有这些物质，我们的生活也就无从谈起。一般来说，物质都有三种存在形态：固态、液态或气态。

固态物质具有形状和体积，它们的分子紧紧地结合在一起。液态的物质有体积，但没有一定的形状，相比之下，它们的分子结合得要松散一些，因而液体可以被倾倒到一个容器中。气体既没有一定的体积也没有形状，它们的分子可以自由地移动，从而能够充满任何一个可以封闭它们的容器。

不过通过改变外在的条件，三种物质状态之间是可以相互转换的。

当改变物质的压力、温度或体积时，其物态会发生改变，物态的改变称为物态变化或相变。例如，水在常温下是液态，但让液态的水吸收热量后，它就变成了气态的水蒸气。相反，如果让它冷却时，它就变成了固态的冰。

空气中的水蒸气遇冷凝结成露珠，还原成水。

水遇冷结成冰

水在受热到一定程度后就会沸腾，变成气态的水分子。

关于雨的形成……

太阳的照射让地面上的水变成水蒸气，水蒸气在上升中遇冷就形成了小水滴。小水滴越来越多地聚集，形成了云彩。当云无法承受更多重力的时候，小水滴降落，形成雨。

什么是凝华和升华？

物质可以发生固态、液态间的相互转化，液态、气态间的相互转化。但物质能否从固态直接变成气态呢？自然界中的霜和雪其实就是由水蒸气直接变来的，这是物质从气态直接变成固态的现象，在科学上被称为凝华。与之相反的是物质的升华，它是物质由固态直接变成气态的现象，例如：人们常用固态的二氧化碳的升华吸热来冷藏食物。

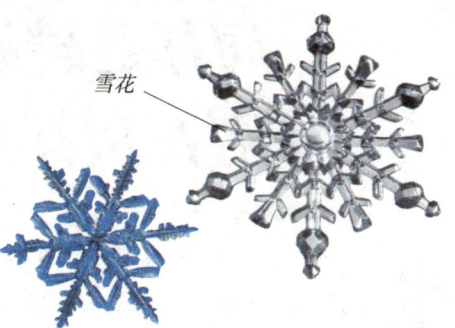

雪花

冰是由水凝固形成的，雪是由水蒸气凝华而成的。

干冰是固态的二氧化碳，人们常利用它的升华特性来作舞台烟雾以及人工降雨。

干冰

冰雹

什么是熔化和凝固？

物质从固态变成液态的过程叫熔化，从液态变成固态的过程叫凝固。

固体分晶体和非晶体两类。晶体都在一定的温度下熔化，也在一定的温度下凝固；晶体熔化时的温度叫作熔点，液体凝固时的温度叫作凝固点。在相同条件下，同一种晶体的凝固点跟它的熔点相同。例如冰的熔点是0℃，水的凝固点也是0℃。

水的三态是怎样变化的？

固体、液体、气体是物质存在的基本形式，在一定的条件下可以相互转化。而一定的条件就是吸收热量或释放热量。当0℃的水通过吸收热量，就可以变成气体，这是从液体到气体的转换。同样，当0℃的冰通过吸收热量也可以变成液体。反过来，当水蒸气释放出一定的热量，可以变成液态的水，也可以变成固体的冰。水到达0℃时，只是到达了凝固点，要想凝固，必须不断地放热，如果不能继续放热，就不能凝固，所以虽然达到了凝固点，不一定凝固成冰。

同样是碳原子构成,为什么金刚石和石墨差别那么大?

你可能还不知道,我们平常用的铅笔的笔芯就是用石墨制成的,而金刚石是自然界很坚硬的物质,尤其是在钻探的时候经常被用来做钻头用。这两种性质差异很大的物质用来比较似乎不是很贴切,但是,令人惊奇的是,它们都是由碳原子构成的,为什么会这样呢?

原来,金刚石和石墨都是碳单质,导致二者不同的是因为碳原子的排列顺序。

石墨的质地非常软,能够留下碳墨的痕迹,这是因为石墨分子中的碳原子是成层排列的,而且每层原子之间的结合力很小。

金刚石却不是这样的,它的碳原子是交错整齐地排列成立体结构,每个碳原子都紧密地与其他四个碳原子直接连结,所以构成的结晶体特别地坚硬。

金刚石就是钻石,是与黄金齐名的贵重矿物材料。说来令人难以置信,全世界天然金刚石产量的5/6来自于海洋,其中,南非是海洋金刚石的主要生产国,其次是俄罗斯。

金钢石钻戒

石墨和金刚石的碳原子排列结构图

石墨笔芯

关于钻石……
钻石以其晶莹剔透、璀璨夺目和坚硬无比的优秀品质被人们视作世界上最珍贵的宝石品种,人们普遍认为,佩带钻石能给人以美的享受,也因此成为了高贵、纯洁的象征。

什么是同素异形体？

同一种元素形成的多种单质互为同素异形体，金刚石和石墨是碳的同素异形体。许多元素都能形成同素异形体，例如氧气和臭氧，它们的不同在于分子里原子的个数不同。同素异形体之间的物理性质不同，化学性质却有相同之处。例如氧气是没有颜色、没有气味的气体，而臭氧是淡蓝色、有鱼腥味的气体；氧气的沸点是 $-183℃$，而臭氧的沸点是 $-111.5℃$；氧气比臭氧稳定，没有臭氧的氧化性强等。

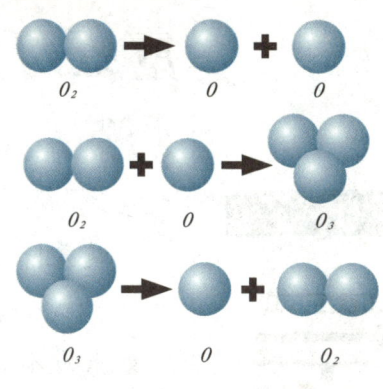

氧气与臭氧之间的转换

水晶和钻石一样吗？

水晶和钻石一样都是晶莹剔透的，那么它们是一样的吗？实际上它们的差异是很大的。

水晶是一种无色透明的石英结晶体矿物，是自然界3 000多种矿石中的一种。它的主要化学成分是二氧化硅，晶体透明，常呈六棱体状。纯净的水晶是无色透明的，闪闪发光。一旦夹有杂质，它就带上了颜色，如紫晶、墨晶等。在自然界里，天然水晶很少，倒是人造水晶越来越多，现在许多眼镜片都用的是人造水晶。

而钻石是指经过琢磨的金刚石。金刚石是一种天然矿物。简单地讲，钻石是在地球深部高压、高温条件下形成的一种由碳元素组成的单质晶体。

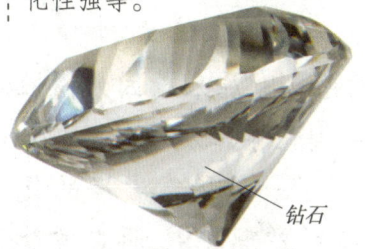

钻石

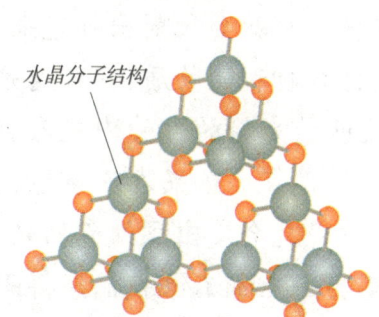

水晶分子结构

晶体和非晶体有什么不同？

固态物质可分为晶体和非晶体两大类。具有规则几何形状的固体被称为晶体，其内部结构中的原子、离子或分子都在空间呈有规则的三维重复排列而组成一定形式的晶格。而非晶体是由于组成它的原子或离子不是作有规律排列的固态物质。如玻璃、松脂、沥青、橡胶、塑料、人造丝等都是非晶体。从本质上说，非晶体是黏滞性很大的液体。

霓虹灯为什么会有那么多的色彩?

夜幕降临的时候,数不清的霓虹灯点亮了我们的生活。你知道这些五颜六色的灯饰是怎么来的吗?试想如果没有这些闪烁的灯饰,你能相信这是城市吗?也就是说,灯光传递出了城市的信息,它让我们有莫名的憧憬。

为什么会有这么多绚烂的色彩?原来是因为惰性气体的存在,它是1898年被英国化学家发现的。

科学家从液态空气中发现了一种稀奇古怪的气体,然后把它密封在一条半真空的玻璃管中,再在玻璃管的两端加上电压,这样玻璃管里就会散射出红光来。其实,这种稀有的气体不是什么神秘的物质,它就是氖气。后来,人们又在涂了蓝色荧光粉的灯管中充入氩气和水银,灯管发出了蓝色的光束。如果在涂有绿色荧光粉的灯管中充入氖气,灯管就会发出橘红色的光。这就是霓虹闪烁的奥妙,其实一点都不像我们想得那样复杂。

惰性气体之所以叫这个名字,是因为这种气体不活泼,比较"懒惰",不容易和其他物质发生反应,性质很稳定。

用霓虹灯做的指示牌更加引人注目

关于科技和人体有趣的问题

灯泡为什么会发光?

19世纪前,人们用油灯、蜡烛等来照明,这虽已冲破黑夜,但仍未能把人类从黑夜的限制中彻底解放出来,直到灯泡的发明。但是灯泡为什么能发光呢?

在灯泡内有一个由金属钨做成的细丝,称作"钨丝"。当我们打开电源时,电流会通过灯丝,使灯丝产生热而不断提高温度,由红转成白色,灯丝被烧红时所发出的强烈光线就是我们看到的"灯光"。爱迪生是最终发明电灯的人,几经实验,他在1879年最后决定用炭丝来作灯丝。他把一截棉丝撒满炭粉,弯成马蹄形,装到坩埚中加热,做成灯丝,放到灯泡中,再用抽气机抽去灯泡内空气,电灯亮了。就这样,世界上第一批炭丝的白炽灯问世了。

1909年,美国柯进而奇用钨丝代替炭丝,使电灯效率猛增。从此,电灯跃上新台阶,日光灯、碘钨灯等形形色色的灯登上世界照明的舞台。

灯丝最早用炭丝来作原料,现在的白炽灯丝则采用更耐用的钨丝。

灯丝

关于灯泡……

灯泡在点燃的时候,灯丝会蒸发。如果在灯泡里面充入惰性气体,就可以有效地阻止灯丝的蒸发,延长灯丝的寿命。

五彩缤纷的灯泡

黑白电影是怎样变成彩色电影的?

电脑可以帮助许多公司给黑白电影加上斑斓的色彩,来增加电影对观众的吸引力。

不过即使在电脑的帮助下,加颜色这项工作还是特别地辛苦,平均一分钟的电影画面需要四个小时的工作。

首先要求电影数字化,在这个过程中,每个图像被分成 525 000 个像素,而数字化之后的图像被储藏在磁带中。

这个过程中最精巧的步骤是:艺术导演设计每样物品的特殊色质,从房间的地毯到演员的头发和眼睛。一个尽职尽责的艺术导演会仔细地选择适合电影中时间和场景的颜色。但是时间和金钱的限制约束了单个场景中色彩的数量。

早期的黑白电影

一旦艺术导演决定了某个场景的所有颜色,色彩操作员将这些颜色填充到第一个按照页码排列图片的框架中。框架设计好之后,电脑依照框架中的像素工作,直到不同框架的颜色产生变化。平均每个框架之间的色素变化不超过4%,这允许电脑以每秒处理24个图像的速度处理磁带。当这个过程完成之后,彩色的电影可以录制到录像带上,出售,出租或者是放映。

什么是动画？

动画是小朋友，甚至很多成年人都很喜欢的电影形式，它是一系列静止画面的连续放映。这些动感画面充分利用了人眼所具有的特性。人的眼睛可使进入眼帘的清晰图像停留很短，也正因为如此，假如把一个运动的形象分解成若干连续、静止的形象，然后让它们以一定的速度从眼前通过，人的大脑就会感觉到这些形象在动，这就是动画的原理。制作一部精美的动画，需要绘制数千幅图片，而且相邻的图片差别非常细小，制作起来有一定的难度。

经典动画片《白雪公主》

《猫和老鼠》

1940年问世的《猫和老鼠》是全世界最受欢迎的卡通片之一，它是由美国迪士尼公司创作的。在制作过程中，卡通画家要先将卡通形象的不同动作阶段放到透明胶片上，连续的动作再铺到一张完整的背景画上。画家要先绘出动作的起始点以及中间的步骤，最后再来填色。

传统的动画制作需要制作者将每个动作画出、涂好颜色，再将许多个动作连贯起来，这个过程需要很长时间。现在，电脑技术使动画制作变得更加简便快捷。

《米老鼠和唐老鸭》

美国第一部动画是在什么时候拍摄的？

1907年，美国拍摄了第一部动画片《一张滑稽面孔的幽默姿势》，从而开创了动画的先河。

美国的动画事业可以说发展迅速，不仅数量多，而且质量也很高。在《美国动画大百科全书》的收录中，从1911—1998年，美国共生产了2 286部动画。其中，著名的有《狮子王》《小鹿班比》《美女与野兽》《怪物史莱克》等等脍炙人口的影片。

美国动画片有自己的特色，它的主人翁代表了典型的美国人的性格，大多是活泼开朗，有强烈的使命感；动画片对情节很倚重，配以悠扬雅致的音乐，而且大多数以喜剧收尾。

为什么总是感觉金属要比木头凉呢？

在炎热的夏季刚刚进行完一下午辛勤的室外工作，走进屋子颓然倒坐在椅子上，把疲惫的胳膊放在木头扶手上，用手抓住金属的扶手架。忽然间你会感觉到手比胳膊凉，不仅如此，屋子里面所有的金属都比木头冷。这是怎么回事？

实际上金属物体感觉比木头要冷的原因，和人对热量的感应方式以及物体的导热速率有关。

如果屋子里面的温度是30℃，屋子里面的所有物体都会达到30℃，但是站在同一间屋子的人体体温却会达到36~37℃。

当一个人触摸到房间内的某一物品时，他的体温会比物体高，而热量会从温度高的物体流向温度低的物体。于是热量从人的皮肤流入到木头和金属中，但是速率不同，流向金属的热量速度要比木头快。这样，接触到金属的手上留下的热量要少，而接触木头的胳膊上留下的热量就会多些，所以，会感觉到金属比木头凉。

将木勺和金属勺的勺柄分别用凡士林粘上一小块橡皮，放入盛热水的水杯中。

金属勺柄传热快，上面的凡士林很快就溶化了，橡皮也很快从勺柄上掉下来。

关于热传递……

热传递是热量从温度高的物体传向温度低的物体的现象。只要物体之间或同一物体的不同部分之间存在温度差，就会有热传递现象发生，并且将一直继续到温度相同的时候为止。

我觉得为雪人盖上毛毯会为它保持温度，而且会令它慢点才溶化掉！

我觉得盖不盖毛毯也没什么分别呢！

不要把毛毯盖在雪人上，会令它溶化啊！

戴黄颜色帽子的小男孩说得对，因为毛毯可以将雪人与外界空气隔绝，使它保持温度。

关于科技和人体有趣的问题

把热水和凉水同时放入冰箱内,谁会先结冰呢?

按照一般人的想法,应该是凉水先结冰。因为凉水的温度比较低,和冰点之间的温差小,结冰的时间会比较短。但是,经过试验,事实却和传统的观念相反,热水会先结冰。

如果把两杯质量相等的水放到冰箱里,一杯凉的,一杯热的,它们会在冰箱里面同时开始失去热量。

自然的,我们会认为冷水先开始结冰,因为它本身所含的热量少,到达冰点的时间也会更快。

然而,水会蒸发,热水杯里的水蒸发快,留下的比较少,因此,热水杯里的热量也就会变少,会较快地结冰。

在做这个实验的时候,如果热水足够热的话,现象比较容易观察,最好能接近于沸点,这样的蒸发量很大,两杯水结冰时间的差异很快就能看得出来。

> **关于热水比冷水先结冰……**
>
> 热水比冷水先结冰的这个现象又被称为"姆佩姆巴"效应,这是以近代最先注意到这个现象的一个中学生的名字来命名的。其实早在几千年以前,就有关于此事的记载,但是,当时的人们都认为那是不可能的,并没有人去刻意地注意。

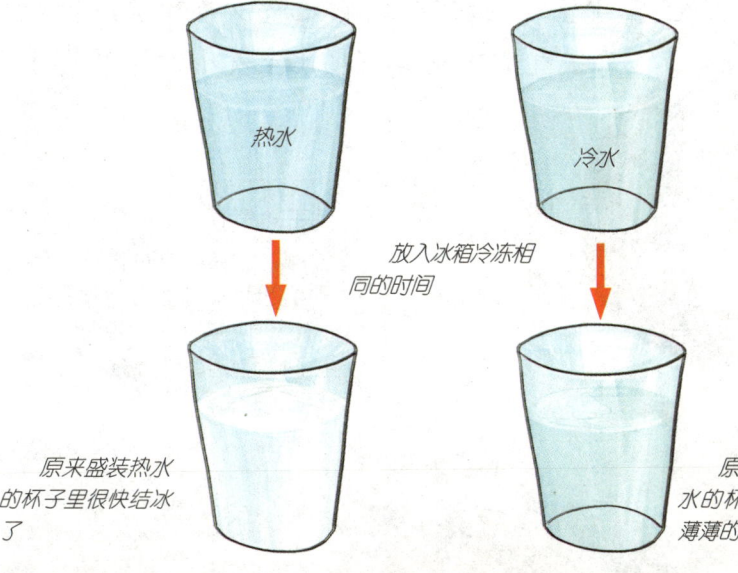

如果坐上一个外皮结实的大气球,我们能到太空中去吗?

绝对不能。气球能飞上天,是因为依靠了空气的浮力作用,天空中有空气才能实现气球的上升或下降。那你知道为什么气球能飞起来吗?我们就从氢气球的原理出发进行讲解。

氢气球里有一种气体,它就是氢气。它比空气轻,是空气的浮力使气球飞上天的。但是大气层中的空气分布并不均匀,比重也不同。靠近地面的空气密度大,比较重。越往高处走,空气也就越稀薄,对气球的浮力也就越小。如果不考虑气球材料的重量,当相同体积的氢气和外面空气重量相等时,气球就无法飞上去了。所以,气球是无法飞进没有空气的太空的。人类真正升入太空,是在火箭出现后,才实现的。

最早把人带到空中的却是气球。气球是一种无推进装置、轻于空气的航空器,它之所以能升空,是由于气囊中充有密度比空气小的浮升气体。

1783年12月1日,人类第一次用热气球航行。

关于热气球……

热气球是法国的蒙哥尔费兄弟发明的。他们看到碎纸片在篝火上飞舞时,不约而同地产生了利用热空气制造飞行物的念头。

关于科技和人体有趣的问题 51

降落伞是如何让人安全着地的？

飞机在空中飞行的过程中，如果发生什么意外，乘客就会使用备用的降落伞来躲避危险。为什么降落伞能把人安全地送到地面呢？

原来，当人从飞机上跳下后，降落伞就会在空中打开，由于受空气阻力的作用，人会以一定的速度降落，而不是做自由落体运动。这样，人就可以安全地漂移到地面。

降落伞是在 18 世纪末发明的。1797 年 10 月 22 日，在巴黎蒙索公园上空，一个叫加内林的人实现了人类历史上首次从飞行器上跳伞。他使用的降落伞有肋状物支撑，收拢起来就像现在的太阳伞。

不过，历史上关于降落伞概念记录的最早来源是 15 世纪的达·芬奇，他曾经在草纸上绘制过一个人体大小的降落伞带着一个人漂浮在空中。

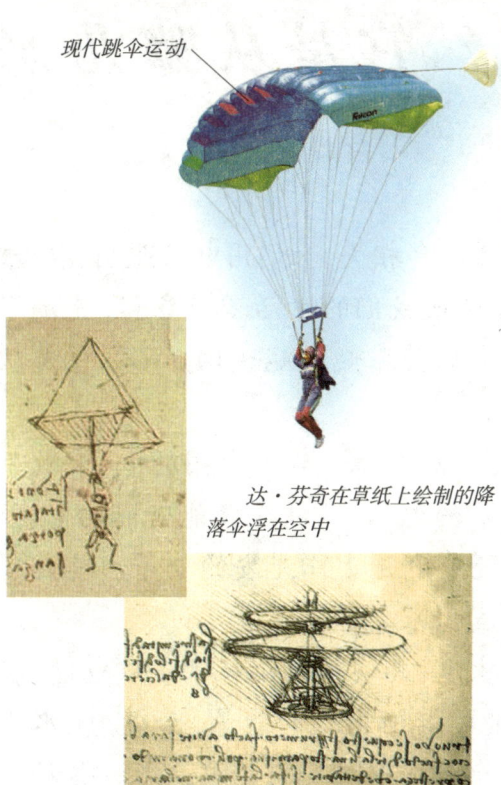

现代跳伞运动

达·芬奇在草纸上绘制的降落伞浮在空中

热气球的结构是怎样的？

热气球是由球囊、吊篮和加热装置三部分构成。球囊是由不透气、耐高温的特殊纤维制成。尽管它的质量很轻，但却非常结实。

加热装置中的燃烧器是热气球的心脏，用比一般家庭煤气炉大 150 倍的能量燃烧压缩气，点火燃烧器是主燃烧器的火种，一直保持火种，即使被风吹，也不会熄灭。另外，热气球上有两个燃烧系统以防备空中出现故障。

热气球之所以能飞，是因为空气受热后体积膨胀，比同体积的冷空气轻，因此会上升。当热空气上升时，就会推动袋子上升。

太阳刚刚升起时或太阳下山前一两个小时是热气球飞行的最佳时间，因为此时通常风很小，气流很稳定。

球囊

加热装置

吊篮

电是什么？它是从哪儿来的？

电与我们的生活息息相关,人们用电来照明、取暖、通信、上网冲浪等,电使我们的生活多姿多彩,充满了舒适和方便。人与电的关系越来越密切。那么电是从哪儿来的呢?

电就是电能,是一种能源。现在所用的电,大致可以分为利用发电机发的电,以及将化学能变成的电(如电池)。除此之外,还有利用太阳光发的电等。其他发电方法还在陆续研发出来。

平常说用了多少电,其实是指消耗了多少电能。在发电厂里,发电机能把其他形式的能量,如火力、水力或核能等转变为电能。发电机发出的电,通过各种输电线路送到千家万户。发电厂发出的电要经过变压才能输送给普通的家庭使用。

除此之外,自然界中还存在一种静电。假如你用丝绸摩擦玻璃棒,玻璃棒就会带上电,丝绸也会带上电。只是丝绸带的是负电荷,玻璃棒带的是正电荷,它们都属于静电。

核电站

摩擦生电

关于避雷针……

19世纪,美国人富兰克林用放风筝实验证明天上的闪电也是放电。他还发明了避雷针。

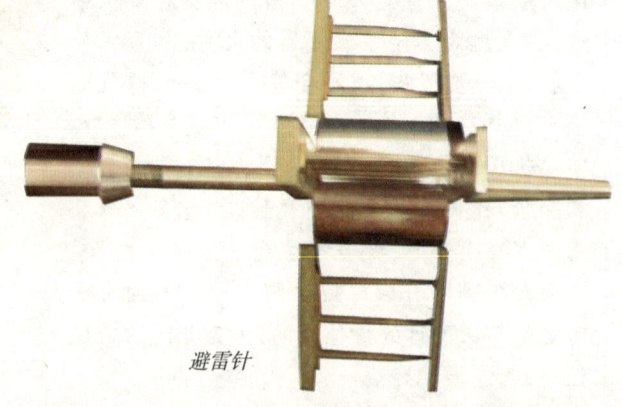

避雷针

关于科技和人体有趣的问题

静电是怎样形成的?

物质是由分子组成,分子又是由原子组成,原子中有带负电荷的电子和带正电荷的质子。在正常情况下,物体不带电,这是因为原子中的质子数与电子数量相同,正负平衡。

但是电子是环绕原子核旋转的,稍加外力就会离开原子核,这样,电子少了,物质就带上正电,而脱离的电子侵扰到其他原子核周围,这样就让别的物质带上了负电。当两种不同材料的物质相接触后再分离,就容易产生静电。

用梳子快速梳理干燥的头发,再将梳子靠近细小的水流,会发现水流的方向发生了弯曲。这是因为摩擦过的梳子有了静电的缘故。

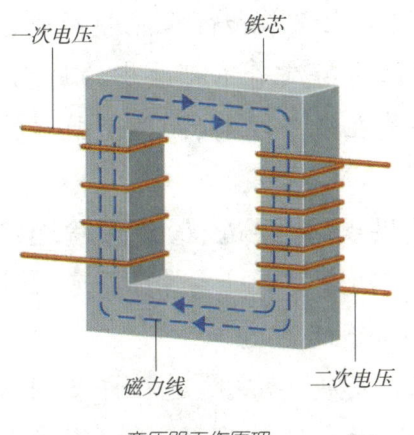

变压器工作原理

变压器

发电厂发出的电一般的家庭并不能直接应用。所以,变压器用来改变电压,把它们分散到各个用户中去。

变压器可以根据需要把高电压转换成低电压,或是把低电压转换成高电压。

既然电可以"发",为什么还说电能是有限的?

电虽然可以发出来,但是发电的过程是需要消耗其他能量的,像使用风力、水力这样可再生资源发电的是少数。目前为止,火力发电还是主要的发电方式,这可是需要消耗大量的煤炭或石油等矿物资源的。

我们知道地球上所存储的煤、石油等自然资源是有限的,所有的煤资源最多也只能用500年。假如有一天,煤消耗殆尽的时候,我们将生活在漆黑中,这必然会使文明倒退到数百年前。如今,能源危机已成为人类面临的严峻问题,所以我们每个人要节约电能,从点滴做起。

风能也可以转换为电能

为什么桥的样子会有那么多?

交通工具的出现带动了交通的日益发达。试想一下,在汽车出现以前的道路根本没有现在的好,也许是由于交通的重要,人们才千方百计去设计出更好的道路。他们的目的很简单,就是让汽车和行人能顺畅地通过。桥梁和隧道在现代交通中扮演着不可缺少的角色。

不过,桥梁的出现却是在很早以前,而隧道就显得比较迟了。两者到底有什么不同呢?

简单来说,桥梁就是供铁路、渠道、管线等跨越河流、山谷等使用的建筑物。隧道与此十分相似,通常是穿凿在山岭、河流及地面以下的通道。

现在,由于科学技术的发展,海底隧道在许多国家建立起来,它能就近解决地面交通的难题,所以很受人欢迎。

美国的金门大桥是一座典型的跨海大桥,联系着旧金山和它对岸的卫星城市和郊区。它的桥身不是靠桥墩支撑的,而是利用桥两侧弧形吊带的拉力吊起来的。

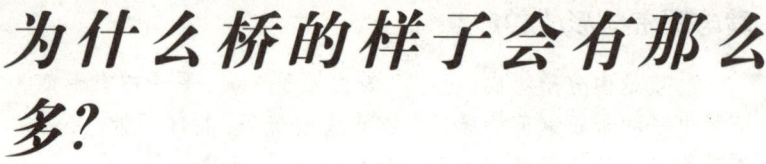

泸定桥

供火车通行的隧道

世界上最大的单孔吊桥——金门大桥

关于科技和人体有趣的问题

为什么在河流上建的桥都会有桥孔？

河流上的桥无一例外地都有桥孔，这并不是为了节约材料，而是有很大的作用的。河流上的桥孔起到排泄洪水的作用，而且也是为了增加桥梁的支撑强度。如果桥要跨越的河很宽的话，桥梁则由桥墩支撑着，桥墩之间桥孔的长度决定了桥梁的承载力。不过，桥孔除了这些作用之外，还可以对桥梁起到修饰的作用。

关于世界最长的海底隧道……

世界上最长的海底隧道是日本青函海底隧道。它穿越日本津轻海峡，将日本本岛与北海道连接起来。全长 53.85 千米，隧道内径 9.6 米，耗资 667 亿日元。

为什么有的桥被吊了起来？

悬索桥就是吊桥，它通常是在河流两岸拉起悬空的缆索，靠缆索就把桥面吊起来了。悬索必须有足够的承受力才能吊起巨大的桥面，缆索也不是固定在高高的塔架上的，而是跨过塔架，固定在桥两侧的地面上。同时，在桥两岸的岩石层中打凿出坑洞或隧道，把固定缆索的部件埋藏起来，依靠重力和摩擦力来稳固缆索。

世界上的所有物质都是由什么组成的?

我们生活在一个物质的世界,我们周围到处都是物质,从小小的雨滴颗粒到动物、植物、岩石,再到宇宙里的巨大天体等等,都是由物质的不同形式组成的,我们的身体也是如此。物质组成了丰富的世界,那么物质又是从哪来的?

通过科学研究发现,物质是由不同的化学元素构成的。元素又是什么?

关于元素的现代思想是由英国的波义耳在1661年首先提出的。波义耳说,元素是一种基本物质,它能与其他元素结合形成化合物,但它本身不能被分解为更简单的物质。但由于当时在技术上还不能真正区分哪些物质能分解成为更为简单的物质。不过,此后由于科学对物质研究的深入,人们的确证实了它的观点,并对组成物质的元素进行了命名。

物质形态不外乎固体、液体和气体三种形态。固体分子排列紧密,粒子间有强大的吸引力,不容易改变形状;液体的分子排列相对松散,它的形态可以任意改变;而气体分子间距大,作用力小,容易压缩而且流动性最强。

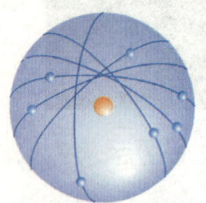

汤姆逊的正电原子球原子模型

长冈半太郎的土星系原子模型

玻尔原子结构模型

19世纪末开始,科学家们经过多次实验,先后提出了汤姆逊模型、行星式模型、卢瑟福模型、玻尔模型等原子结构模型,以及原子的现代量子力学理论。

关于湿衣服为什么不易脱……

湿衣服不易脱是因为衣服和皮肤间的空气被挤了出去,在大气作用下,衣服和皮肤紧紧地压在一起,还有水分子对皮肤和衣服间有吸引力,必须克服这些吸引力才能把衣服脱下来。

当我们置身于大自然中,并深深陶醉时,可曾想过这美丽的一切都是由众多物质构成的,唯独我们的感受却不是物质。

关于科技和人体有趣的问题

原子和分子

分子是构成物质的一种微粒。许多物质是由分子构成的。如:氮气、氧气、二氧化碳、水、氨气等物质均是由分子构成的。因此,物质的分子决定了物质的性质。分子总是在不停地运动。分子的运动速度与温度有关,温度越高,分子的运动速度越快。

如果再把分子分开,就是原子了,原子内部有一个丰富的世界,原子由质子、中子、电子组成,质子、中子组成原子核,电子绕着原子核旋转。原子是我们用单纯的肉眼看不见的,不同的原子之间发生反应重新组合,就会形成新物质。分子和原子的不同在于分子是保持物质化学性质的一种微粒。

水的分子式

碳原子的剖面图

元素周期表

1869年,俄国化学家门捷列夫在前人探索的基础上发现了元素周期律,并编制了第一个元素周期表。元素周期表是元素周期律的具体表现形式,它反映了元素之间的内在联系,是对元素的一种很好的自然分类。在同一周期中,各元素的原子核外电子层数相同,但从左到右,核电荷数依次增多,原子半径逐渐减小,失电子能力逐渐减弱,得电子能力逐渐增强,金属性逐渐减弱,非金属性逐渐增强。

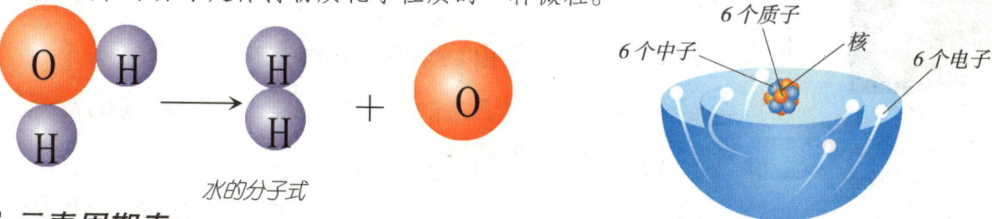

味道有重量吗？为什么有的味道尝起来比较浓？

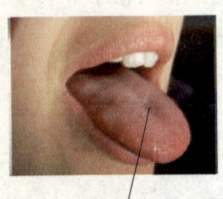

舌头的表面有丰富的味蕾，它可以辨别不同的滋味。

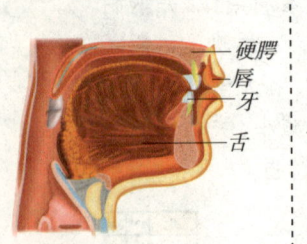

有的味道尝起来比较浓重，而有的却比较清淡，这是不是意味着比较浓重的味道，它们的重量也相对来说比较大啊？

我们可以品尝出四种基本的味道：咸、酸、苦和甜。其余的味道都是这几种味道的结合体。味道的轻重，确实是由它们分子的重量决定的。

我们先来看看"苦"：苦味，这种无机盐分子的重量越大，尝起来就会越苦。

咸味，无机盐的另外一种，它味道的轻重也是依靠分子重量的大小。但是有趣的是，在分子重量轻的时候，咸味是淡的，但是在分子重量重的时候，它却是苦的。对于人来说，铵元素尝起来是最咸的，然后逐渐变淡的顺序是：钾、钙、钠、锂和镁元素。不过这个顺序对于其他的动物来说，可能会不一样。

甜味，甜味有些不同，它们似乎是依赖于分子的空间组合。甜味分子的细微变化会使甜味变苦或是毫无味道。

酸味，氢离子使得酸的食品吃起来很酸。酸的物质越是集中，味道就会越酸。

关于舌头……

你也许不知道，舌头是人身体上力量最大的肌肉。

关于科技和人体有趣的问题

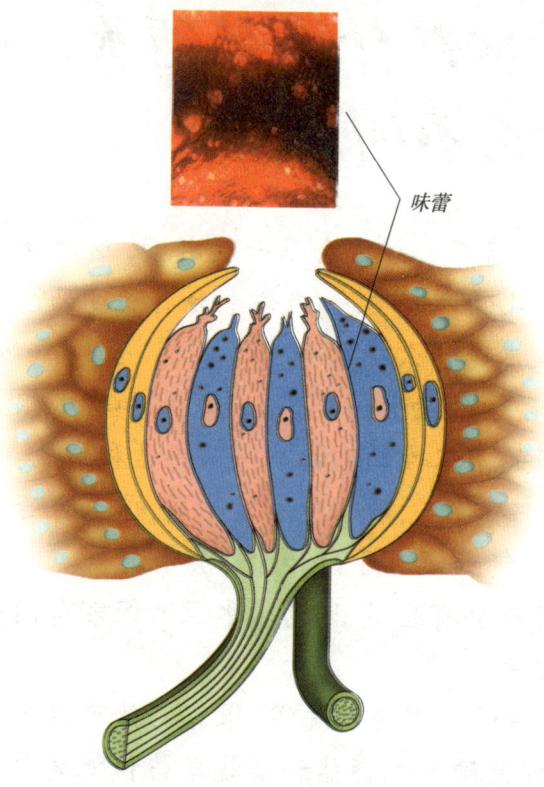

味蕾

舌头有什么作用？

人的舌头有说话、发音、品味、吞咽食物等等作用。而和人相比，动物舌头的功能更是多姿多彩。

比如猫科动物的舌头上有着像小刺似的倒钩，可以清理皮毛，还可以轻易地除去猎物的皮毛，方便吃食。

蛇类的舌头就是那一条令人恐怖的信子。它的舌头与众不同，有着鼻子的作用，可以靠舌头来探察其他小动物的藏身之处，方便捕食。

狗经常伸出舌头，那是为了散热；食蚁兽的舌头是它的捕食工具；青蛙的舌头也是如此。

舌头对于动物来说有着举足轻重的作用，没有了舌头，很多动物的生活甚至生存就会受到威胁。

舌头对味道的感觉都是在同一个部位吗？会不会有区域的分别？

味道多种多样，而基本的味道有酸、甜、苦、咸。那么舌头对这几种味道的味觉都是在一起的呢？还是有分区呢？

其实，舌头的不同部位，感受到不同的味道。

味道对舌头上的味蕾都有刺激，但是它们对不同的部位刺激不同，导致不同部位的敏感度不同。舌尖的味蕾对甜味最敏感，所以最先感受到的是甜味；和甜味相反，舌根对苦味最有体会；感受咸味的味蕾在舌尖和舌头两侧的前半部分；而感受酸味的味蕾在舌的两侧后半部分分布得比较多。至于舌头中间，那儿是没有味蕾的。

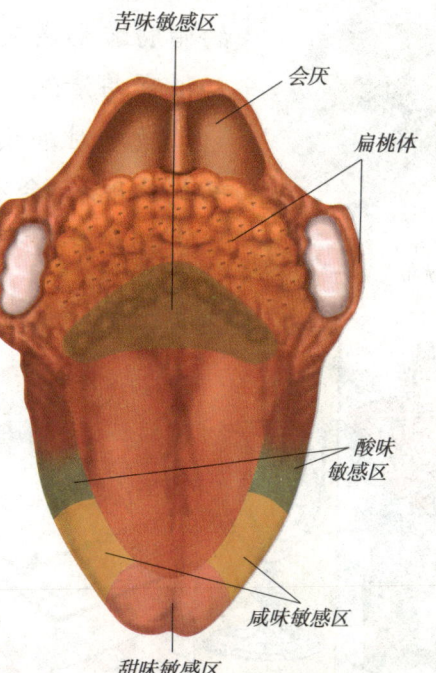

苦味敏感区
会厌
扁桃体
酸味敏感区
咸味敏感区
甜味敏感区

什么是软水？什么是硬水？它们有什么不同？

我们家里的水壶里面经常会结一层水垢，这时爸爸妈妈就会说，这儿的水太硬了。液体也会有硬度吗？既然有硬水，那软水是什么样的呢？

其实软水和硬水的最大区别，就是硬水和软水相比，里面含有较多的不溶性的矿物质——钙盐和镁盐。

硬水和软水都有优点，硬水中有矿物质，味道会好些，而且，硬水中钙和镁对牙齿和骨骼会有好处。相反，软水尝起来可能会有些咸，因为软水里面经常有钠盐，钠盐的味道就是咸的。

硬水很"费"东西。用硬水洗浴，很容易就可以洗掉身上的肥皂，因为硬水中钙盐和镁盐容易和肥皂中的脂肪酸形成灰白色的肥皂沫。这样很费肥皂，不过却很容易清洗。

软水对加热器、管道和其他的一些设备有好处。而加热硬水，会有碳酸盐沉淀下来，容易损坏加热设备的内部构件。而在热水的加热和沸腾中，覆盖了厚厚水垢的加热器其传热性能也大大地减弱了，这样会耗费大量的燃料和能量。

水垢

水垢

关于水的硬度……

硬水中含盐量通常以硬度来表示。硬度单位常用"度"表示，1°相当于每升水中含10毫克的氧化钙。生活饮用水的总硬度要求小于25°。

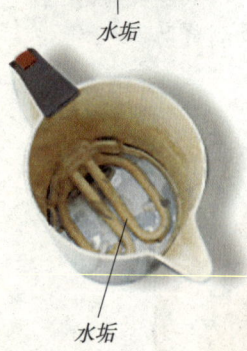

水垢

水垢

关于科技和人体有趣的问题

软水也有坏处吗?

软水中的钠成分会使植物发育不良

硬水中的钙盐和镁盐可以造成加热设备寿命变短,甚至会因为水垢的厚度不均匀,造成锅炉等设备受热不均,酿成爆炸等事故。但是,如果在生活中都使用软水代替硬水,会不会解决所有问题?

不会的。硬水固然有它的缺点,但是软水也不是万能的。软水中缺乏钙、镁成分,长期饮用,会导致人身体钙元素缺乏而且软水中钠元素很多,在身体里面也会驱赶钙成分,造成体内钙成分的流失。

软水对人体不是很好,对植物的生长也不很理想。植物在生长中并不需要很多的钠成分,而软水中的钠会造成植物发育不良。

软水和硬水的来源都是什么?

软水的来源有两个,一个是自然的软水,一个是经过加工的软水。江水、淡水湖水、河水都是软水。把硬水处理之后,得到的钙盐和镁盐含量降为 1.0 ~ 50 毫克/升的水也是软水。井水、泉水含盐量较大,这些水大部分来自地下。所以一般说来,地下水多是硬水,而地上淡水多是软水。

硬水也是有区分的,分为暂时硬水和永久硬水。暂时硬水是指硬水里面的钙和镁只是以碳酸氢盐的形式存在,在加热后,碳酸氢盐会变成碳酸盐,沉淀下来而除掉。

如果硬水中的镁和钙是以硫酸盐、硝酸盐和氯化物等形式存在,用煮沸的方法不能除去,这样的硬水就是永久硬水。

一般所说水的硬度是指暂时硬度和永久硬度的总和。

肥皂是怎样杀死细菌的?

我们每天都要用肥皂洗手,脏兮兮的手洗过之后,会有清新滑腻的清洁感,非常舒服。很多人都会告诉我们,这是肥皂杀死了细菌,那么究竟肥皂是怎样杀死细菌的呢?

实际上肥皂并不直接杀死细菌,而是把油性的东西包裹起来,这里面就包括细菌,然后水就可以把这些东西都冲刷掉。油——也许是你的皮肤分泌出来的,也许来自油腻腻的盘子,里面有细菌和微生物。如果只是在水中简单地冲洗一下,是不可能除掉那些细菌的,因为水和油根本就不会互相溶解。

一个肥皂分子就像是一个两端有手的妖怪,一端抓住油的分子与之结合,另一端抓住水分子与之结合。

而无数个肥皂分子则组成了一个网络,这个网络打破了油质分子和水分子,把它们变成细小的一团,再将它们分散开来,这样水就可以把油冲刷掉了。更进一步说,肥皂可以使水分子原本拉紧的表面变得松散,所以水分子平平地展开,平坦的表面就会有更多的裂缝,因此,可以将油冲刷掉。

1.亲水基

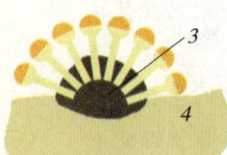

2.憎水基

3.油污

4.纤维织品

肥皂去污的过程

关于肥皂……

巴比伦人在公元前2 800年就已经开始制造和使用肥皂了。考古学家在巴比伦古城的圆柱里面发现了类似于肥皂的物质。圆柱上的题字描述了怎样制造肥皂——将灰和油质共同煮沸。

关于科技和人体有趣的问题

为什么用劣质的肥皂洗手,反而会更加干净呢?

肥皂的制造其实很简单,只要把油脂和氢氧化钠在一起煮,水解后成为高级脂肪酸钠和甘油,这个过程被称为皂化过程。而高级脂肪酸钠经过加工就是肥皂。

劣质的肥皂就是含有大量的,没有处理干净的氢氧化钠。氢氧化钠是强碱,很容易和油性物质发生反应,所以用劣质的肥皂洗手,实际上等于氢氧化钠和油性物质反应。所以会洗得很干净。

但是,肥皂是经过处理的,优质的肥皂不会伤害皮肤,而劣质的肥皂就是一种强碱,对皮肤的伤害很大,很容易引起皮肤粗糙等一系列问题。所以,在选购肥皂的时候一定要注意。

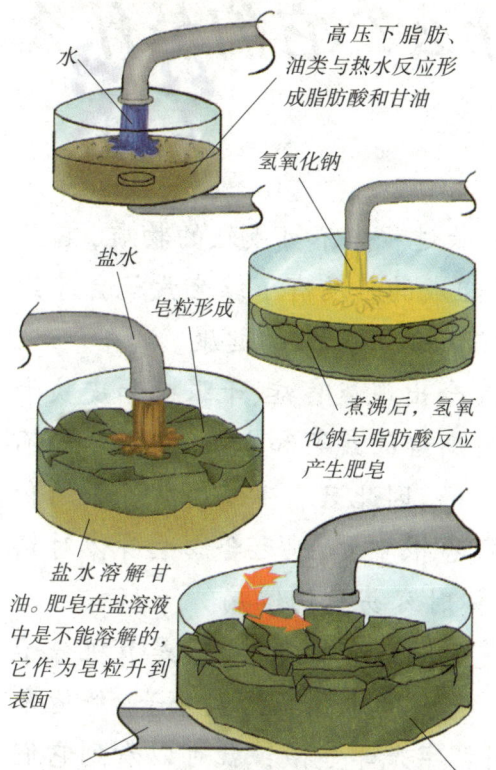

水
高压下脂肪、油类与热水反应形成脂肪酸和甘油
氢氧化钠
盐水
皂粒形成
煮沸后,氢氧化钠与脂肪酸反应产生肥皂
盐水溶解甘油。肥皂在盐溶液中是不能溶解的,它作为皂粒升到表面
排出盐水与甘油
肥皂的制作过程
此罐高速旋转使肥皂从盐水和甘油中分离出来,排走盐水与甘油,留下纯肥皂

肥皂为什么会冒泡泡?

在洗手的时候,敷上肥皂,搓一搓,在水里面搅一搅,就会发现水里面有好多肥皂泡泡。为什么肥皂会冒泡泡呢?

刚才说了,肥皂的分子有两只"手",一只手和油性物质结合,这只手叫疏水基,因为它排斥水;另一只手和水结合,叫亲水基。当疏水基抓住脏东西的时候,亲水基就会把它们包裹起来,与此同时,在手搅动水的时候,也把空气带到了水里,所以,亲水基也会包裹一些空气,这样就形成了空气泡泡。

肥皂经过加工后,各种的功效也不同。有的杀菌效果好一些,有的香味浓一些,有的经过加入其他物质,还有一些特殊的作用。而且现在还出现了许多装饰性的肥皂。总之,随着社会的发展,肥皂的种类和样式也会越来越丰富。

维生素是什么？它们是什么样子的？

维生素是我们成长过程中不可或缺的物质，它是由碳、氢、氧、氮元素组成的。没有了维生素就会导致新陈代谢障碍，从而影响我们正常的健康。

如缺乏维生素A会出现夜盲症、干眼病和皮肤干燥等。维生素C来自新鲜的蔬菜和水果里，人体内不能合成和储存维生素C，因此只有不断地从外界的食物中获取。维生素D也很重要，缺乏会影响身体对钙的吸收，儿童在长身体时容易患佝偻病。

一些非洲地区国家的孩子常因维生素缺乏而不能健康成长

维生素的形状美丽而又奇异。维生素是有机分子（由碳的化合物构成）形成的水晶状的大分子。维他命的分子都比较大，用数字光学显微镜就可以看到它们华而不实的结构，而且这些水晶状的分子通过和光相互作用，可以产生五花八门的颜色。

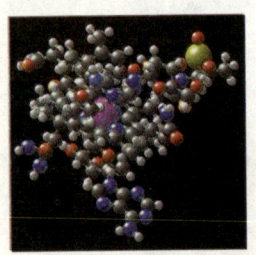

维生素分子结构

例如，维生素C看起来像一把混杂着蓝色、红色和黄色的野鸟毛扇子；维生素E则像一个正在爆炸的向日葵，向外不断地发射蓝色和金色的光线；而维生素H则像对称的薰衣草。

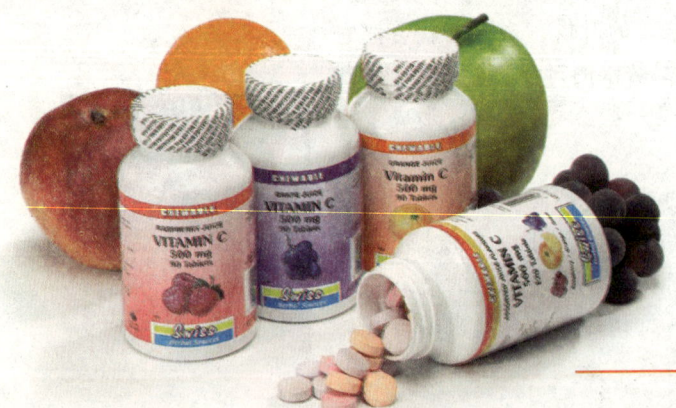

> **关于维生素……**
>
> 维生素是个庞大的家族，就目前所知的维生素就有几十种，大致可分为脂溶性和水溶性两大类。前者包括维生素A、D、E、K，后一类包括维生素B族和维生素C。

维生素C有什么作用吗？

维生素C又叫抗坏血酸，因为它的水溶液呈酸性，所以叫作这个名字。它是1907年挪威化学家霍尔斯特在柠檬汁中发现的。

维生素C参与人体的许多物理化学反应，对一般的感冒有一定的辅助疗效。更重要的是，维生素C在治疗坏血病的时候起到了举足轻重的作用，坏血病的特征是明显虚弱，牙龈变软、出血。柑橘类的水果中富含维生素C。在维生素C没有被发现的时候，人们已经大量食用这些水果来治疗坏血病了。

此外，维生素C还能促进人体的生长发育，增强人体的抵抗力，还有增强肝功能和解毒功能。近年来，科学家们还发现，维生素对癌症还有一定的预防和抑制作用。

人体对维生素C的需求量并不是特别大，每天多吃些水果蔬菜就可以满足需求。

其他的维生素有什么作用？

维生素可以从很多地方获得，对身体各个方面都有很大的益处。人体对维生素的需要量并不是很大，但是却至关重要。

维生素的一个重要的作用就是做酶或者辅酶，和其他的新陈代谢酶一起催化和帮助生物化学反应的完成。这些特殊的反应都是必须依靠维生素才能发生作用，每一种维生素和特定的生物化学反应相联系。

例如，维生素B_1和碳水化合物、脂肪、蛋白质的新陈代谢有关；维生素B_{12}被认为是促进人和其他高等动物体内红细胞形成的要素；维生素K可以促进血液的凝结，在受伤时，尽量减少血液的流失；维生素E的存在禁止了身体组织被氧化；维生素C能生产胶原质。

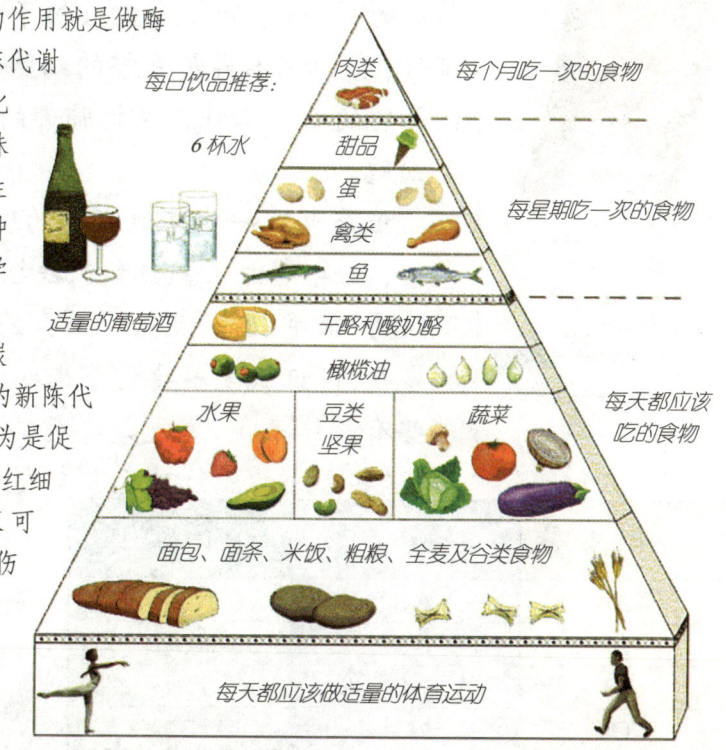

身体是怎样造血的？

我们经常会不小心割破手指或是受到别的伤害，那时，大量的血就会流出来。从小到大，不知道流了多少血，但是再次受伤的时候，还是会有血。那么血是怎样制造出来的呢？

血是在骨髓中被制造出来的。下次在爸爸或者妈妈煮骨头汤的时候，仔细观察一下就会发现，骨头的中间是空的并且填满了柔软的胶状物质——骨髓，它是由细小的血小板和骨髓细胞组成的网状结构。有趣的是，当血细胞刚制造出来，还在骨髓中的时候，它们会有核子。核子就是许多细胞中都存在的小包状的东西，里面存在着遗传信息。在血细胞即将开始进入工作的时候，血细胞就会失去核子。所以，一旦它们开始工作，它们就不再是完整的细胞了，而变成了容器；血红细胞的基本工作就是把肺部的氧气传送到身体的各个细胞。

但是也有一些其他有趣的现象：血红细胞含有血色素，血色素由球蛋白和亚铁红血素组成。一些科学家认为，很早以前，亚铁红血素的最早作用实际上是吸收氧气，保证氧气不要伤害那些古老的有机体，因为对那些有机体来说，氧气是毒药。但是，经过十亿年的演化，这些小小的亚红铁色素却发展成了氧气的运输者。

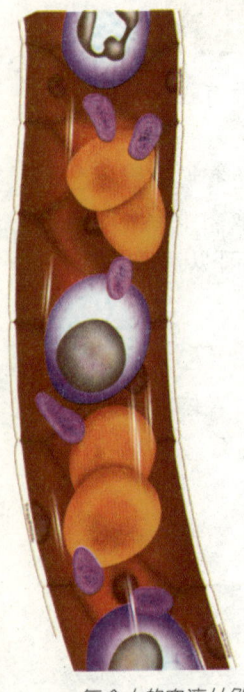

每个人的血液从外表上看没什么不同，可实际上是有区别的，这是红细胞的特征所决定的。常见的血型有A型、B型、AB型和O型。

患者血型	授血者血型	不能输入的血型
A	A、O	B、AB
B	B、O	A、AB
AB	A、B、O、AB	
O	O	A、B、AB

关于科技和人体有趣的问题

血液是由什么组成的？我们每个人身体里有多少血？

先回答第二个问题。一般来讲，血液是身体重量的 1/11，以一个 55 千克重的人举例，5 千克多一点就是血液的重量。

血液并不是单纯的物质。血液的水质部分是血浆。它在身体里面运输食物和其他营养物质。血浆是水和可溶性的盐组成的。漂浮在你 5 千克多一点的血液里面的是几种数以万亿的血细胞，这些细胞的 99% 都是血红细胞。

血红细胞是扁平的，盘子状的细胞。它们的基本工作是在身体里面运输氧气，在我们呼吸的时候，血红细胞也帮忙把肺部的二氧化碳排出去。身体的血液里面总是存在着 25 万亿～30 万亿的血红细胞。每个血红细胞的生命只有四个月，但是我们的脾脏每秒钟却毁掉 2 百万～3 百万个精疲力竭的血红细胞。

白细胞是身体抵抗免疫系统的一部分。它们击退细菌、寄生虫和病毒。它们分布在全身，可以存活几天到几年。

血小板可以存活 10 天。它们的作用是修补血管中破损的地方。每次你的手被割破的时候，血小板总会把伤口修补好。血小板在分裂的时候，它们释放出一种物质可以使血液凝固。

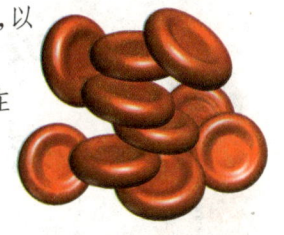

红细胞体积很小，呈红色，没有细胞核，在骨髓里形成。

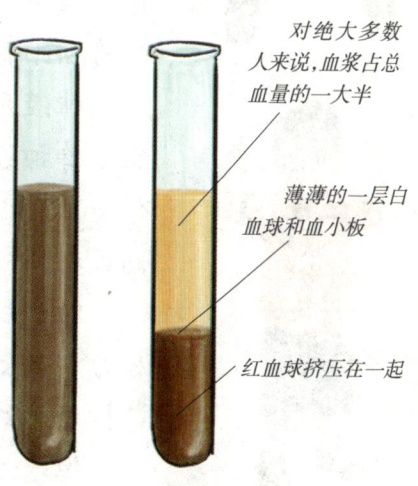

对绝大多数人来说，血浆占总血量的一大半

薄薄的一层白血球和血小板

红血球挤压在一起

血液中各成分比例

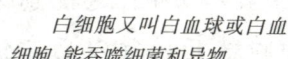

白细胞又叫白球或白血细胞，能吞噬细菌和异物

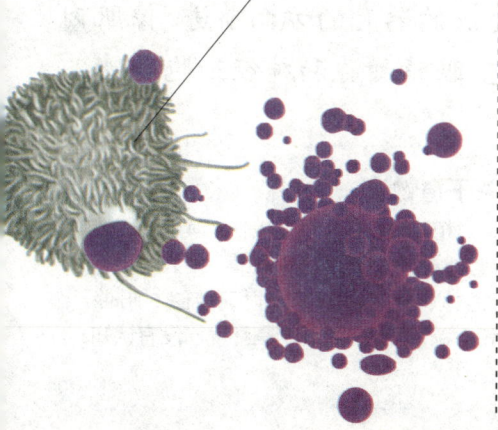

什么是白血病、败血病、坏血病？

这三种病名字相似，但是实际的病因、表现症状却大相径庭。

白血病俗称"血癌"，它是未成熟和形态异常的白细胞的异常增生，使各个脏器的功能受损，造血组织受到严重破坏的恶性疾病。

败血症是一种感染性疾病，是致病菌侵入血循环中生长繁殖，产生毒素和其他代谢产物所引起的急性全身性感染。

坏血病是由于长期缺乏维生素 C 所引起的，一般并不常见，但在缺少青菜、水果的地区容易出现。

人类脑细胞的数量是固定的吗？能不能多长些脑细胞呢？

人类脑细胞的数量并不是固定的，在人的生长发育过程中，还是可以长出新的脑细胞的，但是，可以增加的脑细胞却只有两种：神经元和神经胶质细胞。

神经元是传递信息的细胞，神经胶质细胞帮助并且支持神经元。科学家认为，这两种细胞和储存记忆有关系。比如，当你在读这些文字的时候，神经胶质细胞正在不断地增加。

对于神经元，科学家们认为一些神经元有分裂的潜力。例如，可以把气味信号从鼻子传输到大脑的嗅觉神经元终生都在更新。

但是大部分的神经细胞却不会分裂，这是为什么呢？也许你也知道，生命历程是从"受精卵"开始的。在受精卵形成之后，细胞就开始分裂和分化，这就意味着从那时候开始，细胞就开始往以后它们将要变成的器官的方向前进，像肌肉细胞、眼睛细胞和神经细胞。

阅读和学习等都会让神经胶质细胞不断增加

大脑

小脑

脑干

关于植物人……

植物人都是因颅脑外伤或其他原因造成大脑损伤和长期意识障碍，使人处于一种类似"植物"的状态。他们有自主的呼吸和心跳，但对自身和周围环境已没有认知能力。

关于科技和人体有趣的问题

在没有更多的神经细胞产生的情况下，大脑是怎样生长的？

这是真正的令人惊奇的部分：为了产生大脑最终需要的一万亿个脑细胞，当人类还是母亲子宫里面的胎儿时，我们每分钟平均需要生长出250万个神经细胞。

但是，一旦一个神经细胞变成了神经元，它就会一直保持那种状态，直到死亡。但是这并不是说你的大脑不会生长。想一想，当你出生的时候，大脑重350克。一岁的时候，大脑重1000克，而成年人的大脑大概有1500克。如果在出生的时候已经具有全部的脑细胞，大脑怎么会越来越重呢？那是因为神经细胞的尺寸会变大，就像肌肉细胞。此外，你还会再长出更多的神经胶质细胞，因为需要记忆更多的东西。

和神经细胞一样，大部分的肌肉细胞不会分裂，但是它们会变大。如果你做了大量的运动，肌肉就会变得很大，实际上并没有新的肌肉细胞出现，只是原本的细胞变大了而已。

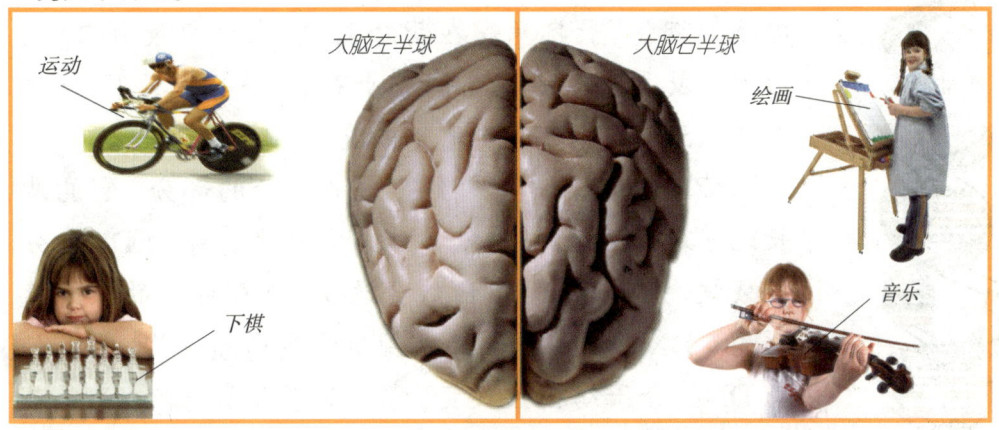

大脑神经细胞的数量会减少吗？

当长到20岁的时候，人类就开始失去神经细胞了。事实上，一个人每天会失去5 000个神经细胞，在75岁的时候，人已经失去了10%的神经细胞。

但是这并不意味着当人类只剩下90%的神经细胞时，没有刚出生的时候聪明。那是因为即使是失去了一些神经细胞，剩下的神经细胞可以在它们之间形成新的神经纤维分支和神经键。这些可以弥补失去的。

最后还要考虑一些，还有很多的事情可以帮助调整那些神经键并且开发神经元。这些包括食物、个人经历，还有学习。

为什么紫外线对皮肤的危害性那么大?

夏天的时候,很多人出门都会打着遮阳伞,而且专门选择防紫外线的,紫外线会对人体造成伤害吗?为什么它会对人体有害呢?

首先,紫外线的组成有两个主要部分:紫外A线和紫外B线。紫外A线波长较长,这种紫外线可以导致皮肤被晒伤。长期暴露在紫外A线中,会导致白内障。白内障就是眼睛的水晶体混浊不清,一般情况下,这种病在人到60岁的时候才会出现。

紫外B线却是紫外线里真正危险的部分。它的波长比紫外A线短。这就意味着它会被身体的DNA分子吸收。吸收后,紫外B线会改变DNA分子的双螺旋结构。DNA是身体制造本身所需蛋白质的"地图",如果DNA分子结构被改变,那么后果非常危险:意味着分子可能开始按照扭曲的DNA制造错误的蛋白质。这就是为什么紫外线会导致癌症。

身体有办法修复因为紫外线的照射而引起的DNA分子的损坏。但是,当你慢慢变老的时候,这种修复机制将会减弱。所以,从现在开始需要抵挡紫外线,在外出的时候戴上太阳镜,涂抹防晒霜。

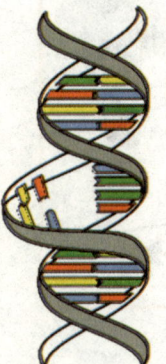

紫外线照射

紫外线照射改变了DNA分子的结构

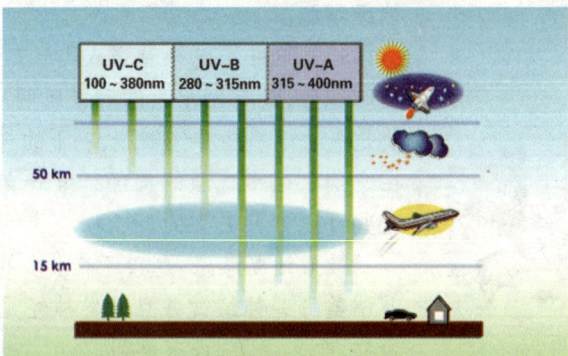

关于科技和人体有趣的问题

什么是紫外线指数？

紫外线指数是指当太阳在天空中的位置最高时，到达地球表面的太阳光线中的紫外线辐射对人体皮肤的可能损伤程度。

我们一般采用 0～15 的数字来表示紫外线的变化范围，0 是最低，而 15 就是最高。通常在夜间没有阳光的时候，紫外线指数为 0，因为在那个时候是完全没有阳光的。

紫外线指数越高，说明紫外线对人体的辐射就会越强烈，对人体的伤害就会越大。

为什么晒太阳时间长了，皮肤会变黑？

夏天去露天游泳场游泳，回来之后就会发现皮肤被晒黑了。为什么会有这样的现象呢？

因为皮肤为了抗拒紫外线的辐射，会生成大量的黑色素吸收紫外线，如果暴晒的时间过长，会引起大量黑色素沉积在表皮层中，形成永久的"黑色"皮肤。

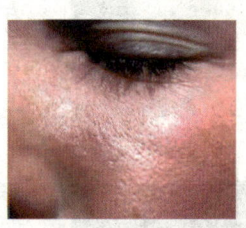

在烈日炎炎的户外，可以用打伞或涂防晒霜的方法防止皮肤被晒伤。

关于臭氧……

大气中的臭氧可以吸收紫外线，臭氧越多，到达地球的紫外线的数量越少。海拔越高，紫外线越多，是因为那儿空气稀薄，臭氧少，吸收的紫外线也比较少。

紫外线有什么作用吗？

紫外线并不只是对人类有害处，它也有好的地方：紫外线可以杀毒。据测试，在紫外线辐射最强烈的中午，空气中的细菌比早晨和晚上减少了 3 倍。

其实紫外线的杀菌原理和损害人体皮肤的原理是一样的。它可以被细菌病毒的细胞吸收，进入它们细胞核的核酸之中，改变它们的遗传结构，使蛋白质变形或者分解，并且影响蛋白质的正常代谢。紫外线减弱了病毒细菌的毒性，甚至杀死它们。

紫外线灯

人为什么会哭？眼泪有什么作用吗？它们是不是毫无意义？

当我们心情不好，或是有什么强烈的感情的时候，大脑就会告诉身体要制造眼泪。这也许是一种表达痛感或者是害怕的方式，也许，人类在有语言能力之前就有这项技能。例如，婴儿们唯一的交流手段就是哭。

眼泪并不是毫无意义，它们是有作用的。眼泪实际上有三种：基础眼泪、反射眼泪和感情眼泪。

基础眼泪润滑眼球。眼球并不像看上去那么光滑，如果没有眼泪的润滑，不会看得很清楚。各种泪腺每天可以产生 115～280 克的基础眼泪。这些眼泪润滑眼睛，并且通过泪腺输送到眼睛内部的角落，流到鼻腔。

反射眼泪保护眼睛不受刺激物的伤害，比如洋葱，或者风中的微尘。

感情眼泪和别的种类的眼泪还有很大的区别。感情的眼泪中有 20%～25% 的蛋白质，包括多种荷尔蒙。

实际上，许多科学家认为眼泪是人体清理废物的一种方法，好像流汗和排泄一样。

婴儿们唯一的交流手段就是哭

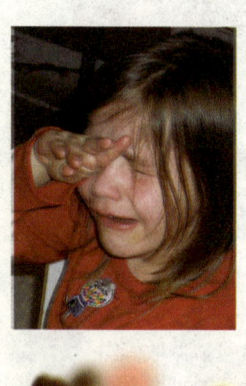

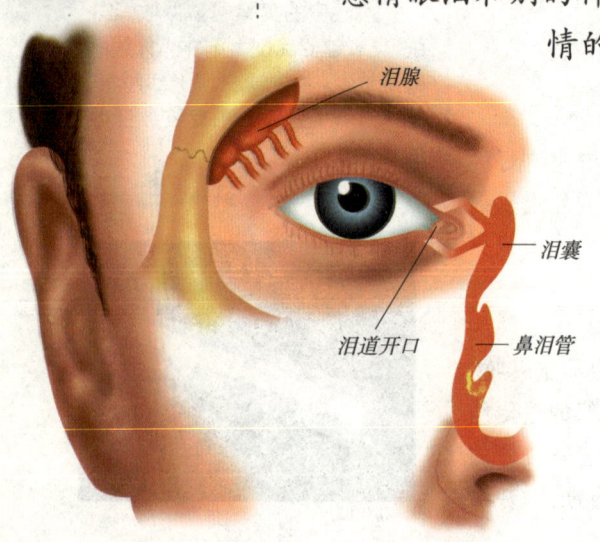

泪腺
泪囊
泪道开口
鼻泪管

关于眼泪的成分……

眼泪的成分是水和氧化钠，所以在哭泣时，尝到的眼泪都是咸的。高兴时流出的眼泪荷尔蒙分泌的较少，而在悲伤时流出的眼泪则含有大量的荷尔蒙。

关于科技和人体有趣的问题

为什么切洋葱的时候会流眼泪?

能让我们流泪的并不是洋葱的气味,而是它们散发出来的气体。

洋葱本身含有油,而油里面有硫,这种物质对我们的眼睛和鼻子都有刺激。切洋葱的时候,洋葱内部的气体冒了出来,气体里面有刺激性的硫的化合物,这是硫的氧化物和洋葱里面的酶作用产生并放射出的。当这些气体往上飘,遇到泪腺中的水后,就会变成硫酸。

为了不被这些有腐蚀性的酸伤害,我们会自动眨眼,并且产生眼泪,湿润眼睛,同时把这些硫酸冲出去。

如果这时候揉眼睛的话,会让这个情况恶化,因为我们的手上有切洋葱的时候留下的腐蚀性的硫酸,用这样的手揉眼睛,会再次把硫酸弄进眼睛里。

而唯一能驱除洋葱这种有刺激性令人气恼的油质的方法就是用水煮,而不是切。

经常哭好不好?

人在悲伤和高兴的时候都会流眼泪,在流泪的时候,身体内会释放出大量的荷尔蒙,在哭过之后,体内荷尔蒙还会重新达到平衡,而且人的情绪经过发泄后,会有一种比较放松的感觉。

有的时候,遇到了不好解决或是心情不好的时候,哭一场可以让自己放松一下,调节情绪。对身体有好处。

但是,如果哭得太久会损害记忆力和注意力,甚至降低免疫力。而如果你总是无法控制悲伤的情绪,总是哭个没完,你就要找找原因了。专家说,这种症状表明你需要冷静下来,去客观地面对现实。

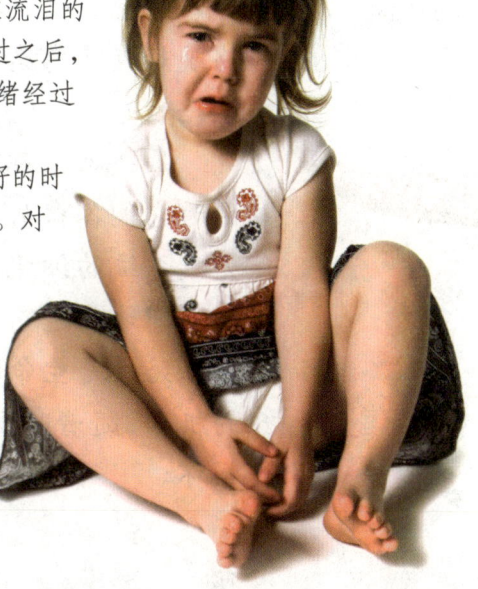

人为什么会死？

这个问题最直接的回答是：因为我们要吃饭和呼吸。

新陈代谢是身体得到能量的方式，是使用氧气来攻击食物，使它们释放能量的过程。不幸的是，在氧气和其他物质结合的时候，也会有负面影响。例如，当氧气和铁相遇的时候，铁会被氧化而生锈。

干细胞

对身体来说，"氧化"过程产生的原子叫作"自由基"，它们是非常"反动的"化学物质。当它接触到其他的分子时，它会撕裂分子内的电子使电子释放，并且改变分子的化学性质。更糟糕的是，自由基会制造新的反作用化学链，产生新的自由基。

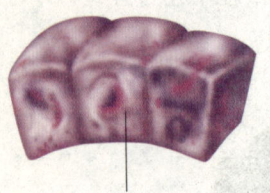

皮肤细胞

我们会死的另外一种原因，是因为我们身体内的细胞会死。实际上，身体里面的细胞无时无刻都在死亡。

细胞的死亡有两种方式：一种是坏死，这是由于受伤或是疾病感染。另一种方式是衰竭，这是细胞的自然死亡。

每个细胞都有一个生命周期，它们的生命周期会因为它们各自肩负的工作不同而有细微的差别。一些免疫系统的细胞只有两三天的生命，不过我们的身体会不断地制造它们。

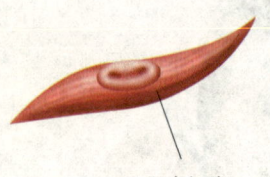

肌肉细胞

不同的细胞组成了不同的身体部分，如肌肉、神经、骨骼等，每种细胞都担负着一项特定的任务。

死亡是生命的一部分，我们的身体就像一部复杂的机器，随着时间的流逝，它会漫漫的磨损，直至完全损坏。

关于科技和人体有趣的问题

细胞的正常死亡对身体有什么作用吗？它们如果不死不是会更好吗？

细胞的生命受着自然生命周期的约束，到了一定的时间它们就会告别尘世。不过有时细胞的死亡是植物或者动物生长发育的必要。

例如，落叶树的叶子基部细胞到每年秋天的时候都会死亡，基部细胞死了之后，树叶就会落下来，到第二年的春天，新的树叶又会长出来。

动物也是如此，如果蝌蚪的细胞不衰竭，它们就不会变成青蛙：蝌蚪尾巴的细胞注定是要死的，所以新长出的细胞可以让蝌蚪长出腿，变成青蛙。

同样，细胞的衰竭在人类胎儿的发育中也起着重要的作用。胎儿在母亲的子宫里时，手指之间是有蹼的，然后蹼细胞渐渐死亡而手指继续发育。

如果这些本该死亡的细胞继续存活下去会怎样？很危险！这些细胞就会变成癌瘤。

生命细胞的死亡是一种正常现象，人类随着年龄的增加而衰老也是一种自然的生理现象。

人能活多少年？

人寿命的极限是多少？这个问题现在并没有一个准确的答案。现在已经发现的世界上寿命最长的人是印度的一位叫作戴弗吉·黛维的老太太，她已经130岁了。但是很多科学家相信，通过科学技术的发展，在50年内，人类的平均寿命有希望达到150岁。

单个细胞是不能永久地活下去的。细胞通过分裂进行繁殖，每次分裂出的细胞和原来的细胞一模一样，但是这是有数量限制的。因为DNA在复制时，需要模板，这个模板就是另外一种分子RNA。而当RNA首先结束自己的工作并且消失的时候，它在DNA链上留下了一个缺口，就是说每次DNA复制自己的时候，它们都会变短，等到DNA链逐渐消失的时候，细胞就会死亡。

人类仍然在进化吗？如果可以，会进化成什么样子？

这个问题的答案是肯定的，人类进化的脚步一直没有停歇。

所谓进化，是一种自然选择的结果。在自然界，只有适应周围生活环境的生物才能生存下去，人类发展到今天这一步，也是对自然界不停地适应和进化的结果。进化的脚步不会停下，这是我们人类没有办法阻止的。

200万年前，我们的祖先，他们的大脑只有我们现代人的一半，但是肌肉和牙齿要比我们发达得多。所以，现在有人推测，在未来的100万～200万年之后，人类的大脑会继续变大，但是身体会变得更加脆弱，而且身体的一些作用不大的部分将会退化掉，譬如说盲肠。盲肠因为长久的不使用而不断退化，也许将来有一天，人类的盲肠将会消失。

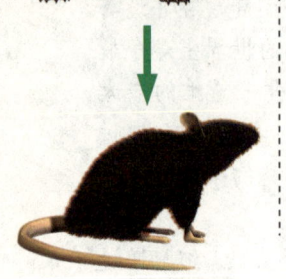

但是在未来的1 000年左右，人类虽然在进化，但是变化不会很明显。在过去的1 000年，甚至5 000年中，人类并没有太大的变化。在未来，人类变化最大的也许是身体的健康程度和寿命的延长。

关于科技和人体有趣的问题

人类越来越高，这是不是人类正在进化的一种表现呢？

人类的个头越来越高，这并不是进化的原因，而是营养的问题。现代人的营养越来越好，导致了身高的不断增加，至少在发达国家是这样的。

我们几乎从来没有遭受过食物短缺，而且在身体生长发育最需要营养的时候，各种营养物质都可以跟得上身体的需求。更重要的是，我们身体所需要的营养并不是很难得到。例如，人体所需的维生素C可以从柑橘类水果中得到，即使在冬天，我们也能买到这类水果。同时，我们平时的一些疾病都有可以治疗的药品，免得我们因为缺乏药物而拖延病情，影响身体的生长发育。

在过去的200年内，医学和营养的发展进步，在人类的身高和身体健康状况的发展上起到了极大的作用。

不过人类的身高是不会无限制地增长下去的。身高是由遗传基因和生活环境共同作用的，这些决定了人的身高有一个最高值，但是因为民族和种族的不同，这个最大值也不同。生物学上认为，身高的最大值应该是2.20米，超过这一限值，人类平衡性和组织的稳定性都会受到伤害。

黑猩猩

如果人是从猩猩进化而来的，为什么他们现在不进化了呢？

根据进化论，人并不是从猩猩进化来的，只是人类和猩猩有着共同的祖先而已。就好像你和一个远房的表兄长得一点也不像，但是你们却有着相同的祖先。古生物学家发现人类的祖先是灵长类。不过，进化是一个极其缓慢的过程，在没有找到化石或是遗迹之前，我们还没有确切的例子。

由灵长类进化而来的原始人

头发为什么会变白?

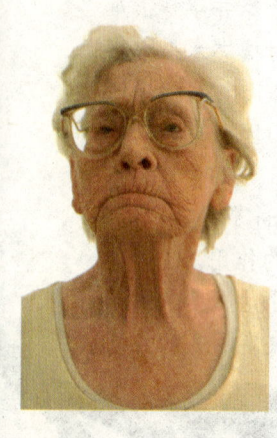

这个问题与衰老和荷尔蒙有关。最直接的答案是:产生头发的颜色的黑色素细胞不再像以前那样高效率地工作了,因为它们得不到足够的荷尔蒙。

荷尔蒙是体内的一种物质,它们可以控制很多的事情,其中一件事就是决定人的性别。而其他的不是那么重要的事情,像是刺激黑素细胞生成色素。

所以,头发变成白色的了,荷尔蒙的分泌量减少,这些现象都说明人变老了,他的细胞疲倦了。每个细胞都有各自特殊的工作,就好像制造荷尔蒙。衰老的过程是体内细胞数量的减少和细胞的其他问题所造成的。

我们可以把身体和汽车作比较。一辆新车,它的每个零部件的工作都很好。一段时间之后,就会开始出现问题:防卫板开始有凹痕,开始生锈,部分磨损,最后,汽车会作废。人的身体也是一样,开始时也是比较完美的,但随着生命的继续,人的身体也开始像汽车一样,出现凹痕,生锈,磨损,产生这样的原因来自周围被污染的空气、细菌和病毒、恶劣的食物和压力,等等。

但是如果你好好保养汽车,它的寿命就会变长并且工作状况也会更好。对人类来说也是一样,保养包括锻炼,合适的饮食,还有尽量减少压力等。

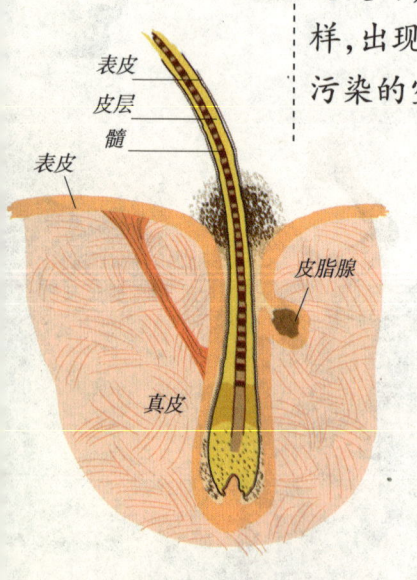

关于头发……

有些少年也会出现白发或者是灰发的现象,这并不是他过早地衰老,而是由于这是遗传的因素和一些疾病造成的,也是头发中黑色素少的缘故。这种现象俗称"少白头"。

关于科技和人体有趣的问题

为什么人的头发只有黑色、棕色、红色、金色和白色呢？

人类头发的颜色是由头发毛囊里面的黑素细胞决定的，它们产生的色素决定头发的颜色。

黑素细胞可以产生三种色素，不过，最终生产出的色素的颜色是由基因来决定的。

有一种色素叫作酪氨酸黑色素，可以形成深色的头发，如黑色或是棕色。酪氨酸黑色素越多，头发的颜色就会越暗。

另一种叫作褐黑素，这种色素形成明亮些的头发。

第三种色素负责生成红头发。

而白化的头发则是因为黑素细胞生产的色素很少或是根本没有。

为什么有的人的头发是直的，而有的人的头发是卷的？

卷头发和直头发都是由DNA所决定的，或者说这些都是天生的，都可以称为正常现象。

毛囊是头发的生产车间，在这儿，头发被生出来。而头发的卷与直是由毛囊的形状决定的。如果毛囊是弯曲的，那么长出来的头发也就是弯曲的，反之，头发就是直的。

大部分卷头发的人都是天生的，但是后天也有很多因素会影响毛囊的形状。如果长时间压力太大，心情紧张，情绪抑郁，头皮就会紧缩。而毛囊为了找到生长空间，就会扭曲，长出的头发自然也不会是直的。

直发　　卷曲型　　波浪型

人为什么会感到饥饿?

我们一天要吃三顿饭,如果缺少哪一顿都会感觉到特别地饿,为什么人会感觉到饥饿呢?

为什么会饿的原因有很多。

首先最重要的是:我们的身体和大脑需要能量,我们需要能量去散步、聊天和思考。而我们得到的能量主要是脂肪、葡萄糖或者糖类。

大脑中有细小的感应器,它们控制了能量的供应。当能量水平低,这些纤细感应器就会发出"需要能量"警报。不过,有趣的是,有时候胃里空空如也的,这个警报却会暂停,这时候,胃就会发怒,"咕咕"叫着抗议。但是,如果此时你仍然不吃身体所需要的食物,即使胃里很空,很快也不会感觉到饿了。

有时候吃东西并不是为了得到能量,而是仅仅因为我们喜欢某种食品的味道。我们知道,巧克力能给我们带来欢乐,所以我们喜欢吃这种食品,并不一定是因为我们体内缺乏能量。

有的时候吃东西也是社会化的要求,或是为了和其他人一起得到快乐。同时,有时候也是因为好奇:法国蜗牛吃起来是什么味道啊?

运动要消耗很多能量,使我们产生饥饿感。

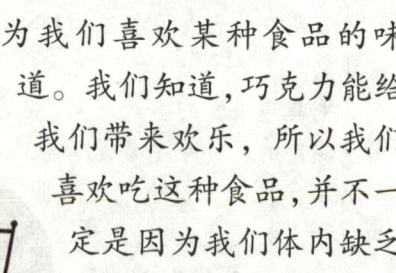

美味可口的食物不仅能为我们提供所需的能量,也能带给我们好心情。

关于科技和人体有趣的问题

是不是吃了多少的食物就可以增加多少的体重呢？

不会的。每天身体都会消耗一定的能量，即使并不运动，因为你要使用能量去做所有你要做的事情。

人每天都必须吃足够的食物，才能得到足够的能量去处理每天的事务，如果能量不够，身体就会动用储备能量——脂肪。而且，此时身体还会强迫你变得动作缓慢，以减少能量的消耗，这样，你就会感到很疲倦。

如果吃的东西超过你的身体的需要，多余的能量就会被储存起来。一磅的脂肪是 3 500 卡被储藏的能量。

所以，是否增重或者增加了多少体重并不在于你吃的食物有多重，而是食物里面含有多少热量。

大脑怎样给身体其他部位传递信号？

大脑是用一种叫作神经传递素的化学物质来传递信号。神经传递素就像是大脑的邮差，当大脑需要什么或是需要让身体做什么的时候，都会派遣神经传递素去送信。如果大脑说"快去，我饿了！"神经传递素就会通知身体的其他部分去寻找食物。

身体也有自己的方法让自己感觉不到饥饿。胃和肠子里也有感应器，它们寻找不同的营养。当它们意识到你已经饱了的时候，感应器给大脑传递信息，大脑就会关闭能量警告。

大脑需要很多的能量。所以它有自己一套特殊的信号系统。也许有的时候，身体别的部分已经饱了，大脑依然需要能量。例如，有时，我们大量地吃东西，是因为大脑需要更多的能量。

神经纤维　　包围神经的结缔组织

感觉神经元

运动神经元使肌肉收缩

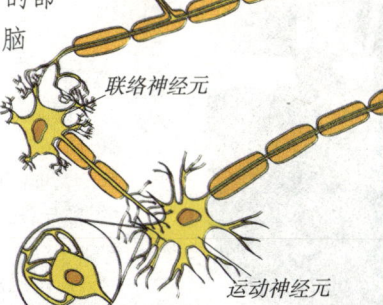

联络神经元

运动神经元

关于胃咕咕声……

饿的时候听到的胃的愤怒声是由于胃里和肠子里面的气体移动的原因。胃和肠子的肌肉不断地伸缩，这样才能保持里面的食物不断地运动。

越野车名字的来历？它真的会"越野"吗？

汽车从开始到现在已经有了很大变化，出现了基于不同用途的汽车，越野车就是一种比较特殊的汽车。

越野车的设计结构就和普通汽车不同，它的功率也要比普通汽车大好多，而且它的四个轮子都有驱动功能，而普通汽车大都是两轮驱动。由于设计上的不同，也就决定了越野车和普通汽车有所不同。越野车显示出适合攀爬的性能，可以在高低不平的地方纵横驰骋，而且还伤不了车体。在沙漠、戈壁地带，你常能看到它的身影。而对于普通汽车来说，这样的地方行驶起来就有些困难。

备用轮胎

为什么汽车的轮胎上有各种各样的花纹？

几乎所有汽车的轮胎上都有花纹，你知道为什么要有这些花纹吗？其实，这些花纹不是为了美观才弄上去的，它有很大的作用。它是为了加大车轮与地面间的摩擦力、防止车轮在路面上打滑而设计的。如果没有了这些花纹，汽车的轮胎就会空转圈，而不前进。同样的道理，我们穿上鞋底没有任何花纹的鞋，走起路来的时候就容易摔跤。

关于汽车……

德国是最早出现汽车的国家，1886年，德国工程师卡尔·奔驰发明了世界上第一辆汽车。随后，世界各地的人们开始专著于汽车生产。现在汽车已经成为很多国家的主要产业。

关于科技和人体有趣的问题

开车时为什么要系安全带？

突然加速物体会因惯性向后倾倒

突然减速物体会因惯性向前倾倒

汽车来到这个世界也就一百多年的历史，然而汽车却带来了人类交通的革命，从某种意义上说，汽车是人类文明的见证者。如今，我们乘坐着先进的汽车，可以随意地穿行在世界的各个地方。不过，乘坐汽车或开汽车的时候必须要系安全带，这是因为高速行驶的汽车，在紧急刹车或急转弯时，无论是司机还是乘车者都容易在惯性的作用下，不由自主地前倾或侧斜，而安全带恰好能牢牢地把人把持住，避免司机或乘车者受伤。

除此而外，汽车还有其他安全系统，比如设置安全气囊。安全气囊一般由传感器、气体发生器、微处理器、气囊等组成。当发生碰撞时，气囊迅速膨胀，保护车内的乘员免于受到撞击，同时气囊还有安全阀，当囊内空气过多时，可以自动向外释放一些，以免挤伤乘客。气囊的容积为 50～90 升，里面的气体大都是氮气或者一氧化碳。

随着现代技术的发展，汽车上的安全设备越来越多，它们都是为了在紧急情况发生时，减少不必要的危害而设置的。

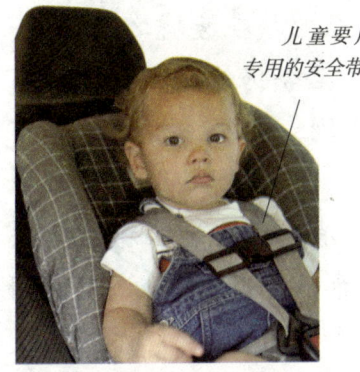

儿童要用专用的安全带

是不是有了安全系统的汽车就安全了？

虽然汽车都设计有健全的安全系统，例如 **ABS** 系统，但并不能说明这样的汽车就完全安全了。因为驾驶汽车是人为因素和汽车本身性能因素的结合。

事实上，许多交通事故的发生，都赖于两个方面的原因。所以说，安全系统只能尽量避免事故的发生，但不是绝对地杜绝。

右侧气囊
副驾座气囊
左侧气囊
方向盘气囊

玛雅文化是什么？它为什么会消失？

玛雅文化有美洲印第安文化摇篮之称，它是一个高度文明的社会。考古学家认为，在玛雅文明的"鼎盛时代"——公元250—900年，在危地马拉，伯利兹城，南墨西哥，洪都拉斯西部和萨尔瓦多，至少有70个玛雅城邦。玛亚地区的总人数大概200万～300万人之间。现在，虽然许多玛亚人的后代仍然生活在这个地区，但是那些伟大的城市都已经埋藏在废墟之下了。

玛雅文化为什么会消失？至今仍然是个谜，没有人能提出一个令人都信服的原因。但很多说法也是有一定的道理。

有证据表明，玛雅文化的消失和当地土壤肥力恶化，作物产量下降而导致的营养不良有关系；还有的研究人员表示，气候的急剧变化，环境的恶化，降水减少是导致玛雅文明衰亡的主要原因，大多数玛雅人是由于干旱而丧失生命的。

其余类似于外族侵略，疾病肆虐，人口爆炸等等说法，似乎也能解释玛雅文化的消失。但是，真正的原因还有待于进一步的研究。

玛雅金字塔

在玛雅旧址发现的精美容器

战士神庙

关于科技和人体有趣的问题

水晶头骨

1927年，在中美洲洪都拉斯的玛雅神庙中发现了玛雅文化的遗物——水晶头骨。根据探测，这颗水晶头颅已经距今1 000多年了。

在玛雅的古代传说中，水晶头骨具有神奇的力量，用于占卜。但是真正令科学家们叹为观止的是水晶头骨的内部结构和它的雕刻方法。

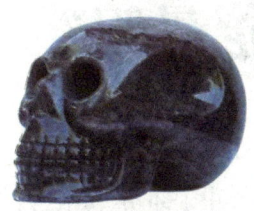
水晶头颅

这枚水晶头骨并不仅仅是外表和人的头骨相像，它的内部结构竟然和真人的头骨一模一样。或许这些在现在没有什么可惊奇的，但是，这颗头骨已经经历了1 000多年，而在100多年前人类才开始了解自己的骨骼结构。

至于雕刻，水晶是很坚硬的，即使现代的工艺，也需要用金刚石那样坚硬的物质，而且也不容易。按照考古学家的发现，1 000多年前的玛雅人连铁都不会炼，怎么可能会雕刻出如此精美的器具呢？

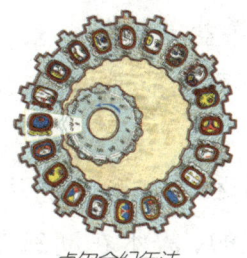
卓尔金纪年法

种种疑点表明，似乎玛雅人的科学水平要远远大于我们的设想，不过，这一切还需要科学家的努力工作才能证实。

玛雅居民也随着玛雅文化的消失而消失了吗？

玛雅文化的神秘消失，至今牵动着世界许多人的心，很多人都致力于揭开玛雅文化的消失之谜。但是，玛雅文化消失了，玛雅人还存在吗？他们是不是也随着玛雅文化的消失而像恐龙似的灭绝了呢？

事实并不是这样的，玛雅文化消失了，但是玛雅人仍然存在，他们现在是墨西哥印第安民族大家庭中的一员，居住在尤卡坦半岛等地。但是他们的人数已经很少了，而且，由于和其他民族联姻混血，纯正的玛雅人少之又少。不过，现在的玛雅人仍然保持着自己独特的语言，古老的生活生产方式，特有的民族传统。

> **关于玛雅文化的分期……**
>
> 比较公认的玛雅文明历史分期是：从公元前1500年—公元317年为玛雅文明发展的前古典时期，从公元317—889年为古典时期，从公元889—1697年为后古典时期。

美国孩子最喜欢问的为什么

大海是不是也像人的呼吸一样,在不停地消耗能量呢?

潮汐发电站

关于太阳的能量……

太阳到达地球的能量,大部分落在海洋上空和海水中,部分转化为各种形式的海洋能。通常海洋能是指依附在海水中的可再生能源,包括潮汐能、波浪能、海洋温差能,等等。

浩瀚的海洋占地球表面积的71%,太阳到达地球的能量,大部分落在海洋上空和海水中,部分转化为各种形式的海洋能。

通常海洋能是指依附在海水中的可再生能源,包括潮汐能、波浪能、海洋温差能、海洋盐差能等。虽然海洋能的强度较常规能源低,但在可再生能源中,海洋能仍具有可观的利用价值。

海水按一定的时间有规律的涨落运动,被称为潮汐。潮汐和人呼吸一样,也是要消耗能量的,海水在潮涨潮落的过程中会产生大量的动能和势能,也就是潮汐能,它是由地球和月亮之间的运动位置的变化而引起的。

海浪是海水受风力作用而产生的,就像海洋不断跳动着的"脉搏"。波浪能是海洋能中最不稳定的一种能源,它实质上是吸收了风能而形成的。尽管可供利用的波浪能资源仅局限于靠近海岸线的地方,但在条件比较好的沿海区的波浪能资源也很丰富。利用它发电,最适合无法架设电线的海岛或海上航标灯使用。

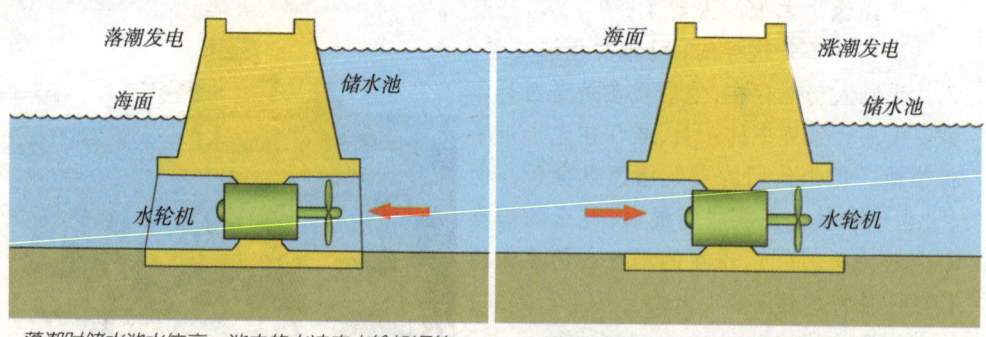

落潮时储水池水位高,池中的水冲击水轮机运转。　　涨潮时海面水位高,由潮水冲击水轮机运转。

关于科技和人体有趣的问题

利用海水的温差可以发电吗？

海洋是地球上一个巨大的太阳能集热和蓄热器。由太阳投射到地球表面的太阳能大部分被海水吸收，使海洋表层水温升高。赤道附近太阳直射多，其海域的表层温度可达 25~28℃，而在海洋深 500~1 000 米处海水温度却只有 3~6℃。这个垂直的温差就是一个可供利用的巨大能源。在大部分热带和亚热带海区，表层水温和 1 000 米深处的水温相差 20℃以上，这是热能转换所需的最小温差。1979 年在夏威夷岛西部沿岸海域建成了一座称为 MINI－OTCE 的温差发电装置，其额定功率 50 千瓦，这是世界上首次从海洋温差能获得的具有实用意义的电力。

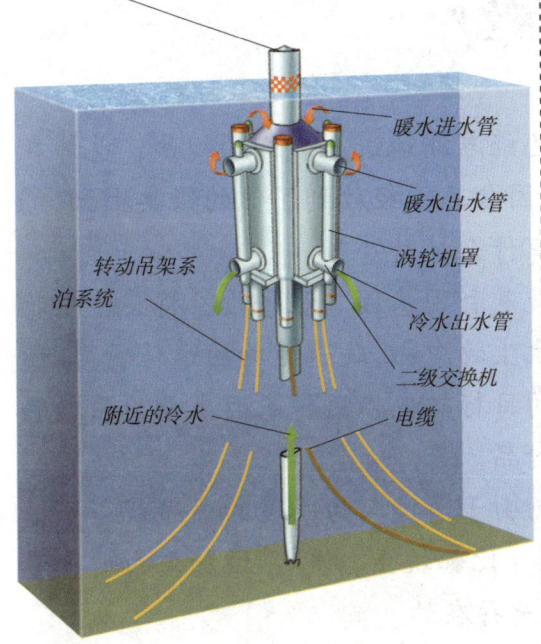

距海底深度 1 000 米
暖水进水管
暖水出水管
涡轮机罩
冷水出水管
二级交换机
电缆
转动吊架系泊系统
附近的冷水

什么是二次能源？

二次能源是联系一次能源和能源用户的中间纽带。二次能源又可分为"过程性能源"和"含能体能源"。当今电能就是应用最广的"过程性能源"；柴油、汽油则是应用最广的"含能体能源"。由于目前"过程性能源"尚不能大量地直接贮存，因此汽车、轮船、飞机等机动性强的现代交通运输工具就无法直接使用从发电厂输出来的电能，只能使用像柴油、汽油这一类"含能体能源"。可见，过程性能源和含能体能源是不能互相替代的，各有自己的应用范围。

什么是转基因食品？它们有利还是有弊？

转基因食品已经渐渐地进入我们的视线，也许在你不经意间，转基因食品已经放到了你的饭桌上，它们是什么？会不会有什么坏处？

转基因生物就是利用基因工程手段，将某些生物的基因转嫁到其他生物中去，改造生物的遗传物质，使其向人类所需要的目标转变。用转基因生物为原料的食品就是转基因食品。

转基因农作物由于通过人为手段的改造获得了很多原本没有的属性：比如抗虫，增产，增加蛋白质含量等等，但是弊端还是存在的。

转基因是人为的从外部转来的，必然会破坏原来基因家族的亲密和谐，会对生态系统产生影响，因此存在实用性不高。然而，也有一些人认为，利用转基因技术拓宽了生物育种的思路。从单纯的技术层面上看，是中性的，对人体不存在利弊问题，关键在于是否转进了适合植物本身的基因。

现在对转基因食品对人体是否有害还没有确切定论，但是转基因却能给农业种植带来极大的好处。

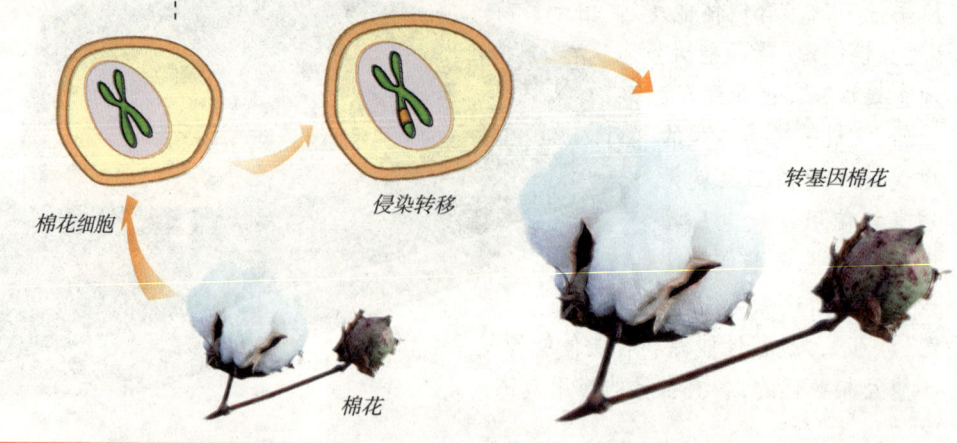

什么是基因?

基因就是具有遗传特性的DNA片段,是遗传的基本单位。

基因是可以改变的,例如,在放射线的照射下,基因会发生突变。但是,具体基因的变化方向就不好说了,这个不是人力所能掌控的。如果现在人类可以完全地破解人体基因,那么很多疾病都可以得到完全的治疗。

基因的突变对物种的发展也有很大的影响。进化论观点就认为良好的突变促进了物种的进化和发展。现在突变的现象也是随处可见。例如,白化现象。还有的种子在太空中遨游过,由于受到外太空失重等条件的影响,很多种子再回到地球后产下的果实要比平时大很多。

什么是转基因植物?

在实验室里,通过改变植物的基因构成,把一些植物的优良性状转接过来为"自己"所用,培育出的新品种。如抗病烟草、抗虫水稻等就是把抗虫、抗冻或发光等基因转接过来的。现在,许多转基因作物的产品早就成为人们的食物,和人类生活、健康之间的关系越来越紧密。

人工种子培养的凤梨

关于转基因食品……

转基因食品毕竟还是一个新的事物,而且对于它的好坏人们知道的也不是很多。甚至有人根本就没有转基因食品这个概念。而且,转基因食品的安全性至今还没有统一的说法。

转基因食品在哪儿比较盛行?

目前,转基因食品的主要产地是美国、加拿大、欧盟、南非等地。

1995年抗杂草黄豆被成功地研究出来,这是转基因的一大进步,很快这种黄豆就在市场上出售。之后,科学家利用基因技术大量生产出抗虫害、抗病毒、抗杂草的转基因玉米、黄豆、油菜、土豆、西葫芦等。

美国孩子最喜欢问的为什么

为什么把人造地球卫星称为"顺风耳"？它不会掉下来吗？

月亮不停地围绕地球运行，是地球的天然卫星。人造地球卫星则是人工制造并发射到太空中围绕地球运行的物体。因为它具有信息传递或探测无线电和其他电磁辐射信号的功能，并且不会受到阻碍，因此被形象地称为"顺风耳"。

人造卫星是围绕地球飞行，并且在空间轨道运行一圈以上的无人航天器。在宇宙中飞行的时候，它是不会掉下来的。这是由于在脱离火箭进入太空后，太阳帆板就开始了工作，它像两对硕大的翅膀，能够将太阳能转换成电能，为卫星上的电器设备提供足够能源。

是火箭把人造卫星送上天的。在"升天"的时候，人造卫星被放置在火箭的顶部，外面有防护罩，在火箭上升后，人造卫星就很快地被送到天上。

迄今为止，全世界已经发射了数千颗人造卫星，并且这些人造卫星基本上可以分为应用卫星、科学卫星和技术试验卫星。应用卫星是直接为国民经济和军事服务的。

"东方红"1号人造地球卫星

太阳帆板又叫作太阳翼。它有供电和充电两大功能，相当于一个小型发电站

"顺风耳"不会掉下来，两对硕大的翅膀为卫星上的电器设备提供能源

关于科技和人体有趣的问题

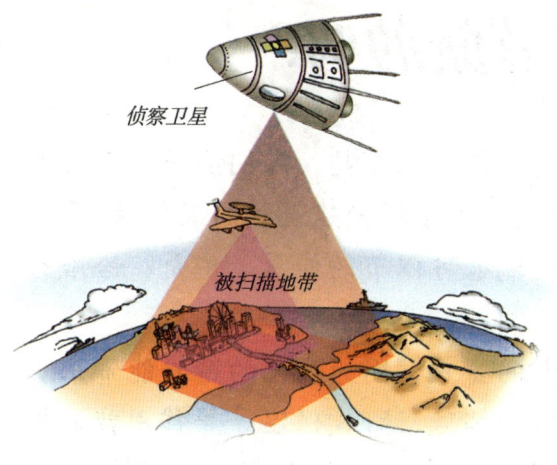

侦察卫星

被扫描地带

天空中有那么多人造卫星,它们会不会相撞啊?

人造卫星有相撞的可能,但是这种几率很小。人造卫星的轨道都是经过精密计算的,但是,每个国家不会把它们自己人造卫星的轨道数值全部公布出去,所以,在不同国家发射人造卫星的时候,是有可能碰巧使用同一数值的。不过,这种几率实在很小。

现在人造卫星在太空中并不安全,越来越多的太空垃圾成为人造卫星的潜在杀手。

什么是静止卫星?

人造卫星对我们已经不怎么陌生了,但是静止卫星是什么呢?它是不是完全静止不动的人造卫星呢?

虽然我们并不了解静止卫星,但是,在日常生活中我们好多活动都和它相连着。例如,和大洋彼岸的亲友打电话的时候,就是静止卫星在帮忙。在卫星通讯中,静止卫星是最重要的。

静止卫星在地球上看来是静止不动的,因为它环绕地球一圈的时间是 24 个小时,和地球自转的时间一样。所以相对于地球来说它是静止的,所以,静止卫星又叫同步通信卫星。

静止卫星的轨道是特定的,因为处在和地球自转相同时间的轨道只有一条,它在地球赤道上空,高度为 35 786 千米。

天气预报为什么准?

现在的天气预报能较准确地预测未来一段时间的天气现象,这其中最大的功劳应该归于气象卫星。

气象卫星将拍摄到的原始图像,发回资料收集站,由收集站的资料处理中心做成新的图像供用户使用。气象卫星可以对全球的风速、风向、大气和海水温度等进行测量,这些对预报天气非常重要。

我国"风云一号"气象卫星在与太阳同步的轨道上飞行,总是在相同的时间经过同一地区上空,对全球气象进行反复探测

"风云一号"气象卫星

玻璃也有节能的吗?

这个问题看起来似乎很有趣,人们使用玻璃是为了遮挡风雨,有的也是为了增强建筑物的装饰性,几乎从来没有听说过玻璃也可以节约能量。但是,恰恰有这样的玻璃。

中空的玻璃墙有很好的隔冷、隔热性能

人们喜欢高大的窗户,因为高大的窗户能带来明媚的阳光,但是,它的挡风、遮阳、保温等等作用就显得很差,而现在人的要求又特别地高,既想要良好的光线,又想让玻璃带来一定的保暖,吸热等等的作用。于是,节能玻璃出现了,它解决了这个问题。常用的节能装饰玻璃有吸热玻璃、热反射玻璃和中空玻璃等。 以吸热玻璃为例子。吸热玻璃可以吸收太阳的辐射热,在阳光下,一般的吸热玻璃的热量透过率可以达到60%,除了吸热,这种玻璃还能吸收一定的紫外线。

对于吸热玻璃,看起来似乎很玄妙,其实,对于专业人员来说它的原理并不复杂。一般制作有两种方法,一是在普通玻璃中加入有吸热性能的着色剂,再就是是在玻璃表面喷镀金属或金属氧化物薄膜。

吸热玻璃不仅作用奇特,而且色彩斑斓,有灰色、蓝色、绿色、青铜色、粉红色和金色等,装饰性能很强

关于科技和人体有趣的问题

防弹玻璃是不是玻璃？

现在有一种汽车玻璃，它能够抵挡飞射来的子弹。为什么它能防止子弹的穿透呢？这是由于它已经不是通常意义上的玻璃，而是由玻璃和优质塑料，经过特殊的工艺形成的复合材料。它具有普通玻璃的外观和光的透过性，对小型武器的射击有一定的阻挡能力。通常，防弹玻璃厚达70~75毫米。

防弹玻璃

钢化玻璃和普通玻璃有什么不同？

用钢化玻璃制成的玻璃杯即使破碎也不易伤到人

实际上，钢化玻璃破碎后，碎片会破成均匀的小颗粒，并且没有普遍玻璃锐利的尖角，从而被称为安全玻璃而广泛用于汽车、室内装饰中。家居中，一般普通玻璃破碎后锋利的尖角很容易割伤小孩或者撞击者，造成对人身的伤害。玻璃破碎后是变成小颗粒，还是锐利的形状，是钢化玻璃与普通玻璃最主要的区别方式。

什么是有机玻璃？它和我们平时所说的玻璃一样吗？

和有机玻璃相比，我们平时所见的玻璃可以说是无机玻璃，因为它是用石英等无机物制造的。而有机玻璃这种高分子透明材料的化学名称叫聚甲基丙烯酸甲酯，是由甲基丙烯酸甲酯聚合而成的。

有机玻璃的特点很多，它的透光性能好，机械强度比较高，抗拉伸和抗冲击的能力比普通玻璃高7~18倍，而且重量只有普通玻璃的一半，容易加工。

现在有机玻璃已经大量地出现在生活中，很多种类的油杯、车灯、仪表零件、光学镜片、装饰礼品等等都出自有机玻璃。

> **关于最早的玻璃……**
>
> 据说最早的玻璃是古埃及人发明的，具体的制造技术可能是在制陶技术中发现的。考古学者曾在埃及的一座古墓里，发掘出一串玻璃珠，是法老围在颈项上的装饰品。

人体最大的器官是什么？

人体最大的器官是皮肤。这个答案可能让人感到很吃惊，因为很多人对外在的皮肤很不在意，而且认为皮肤只是薄薄的一层，应该是很少的。

皮肤约占体重的15%，它的化学成分包括70%的水，25%的蛋白质及2%的脂肪，还有微量元素、核酸、葡糖胺聚糖、蛋白聚糖和大量其他化学物质。而且皮肤并不是一层，而是三层：表皮、真皮及皮下组织。

表皮是皮肤的最外层，由角化细胞、黑素细胞和朗格罕氏细胞构成，总厚度通常为0.5～1毫米。

真皮层是皮肤的中间层，位于表皮与皮下组织之间，是皮肤最厚的一层，由胶原及弹性蛋白纤维网、毛细血管和淋巴管组成，此外，真皮层中还有皮脂腺、汗腺、毛囊及相对少量的神经细胞和肌细胞。真皮是决定皮肤结构完整性、弹性及顺应性的一层，皱纹的产生就在这一层中。

皮肤里有许多神经，人体的触觉就是通过皮肤来感知外界信息的，盲文就是利用皮肤来触觉

皮下组织是皮肤最里面的一层，位于真皮层之下，主要由脂肪构成，其中最重要的细胞为脂肪细胞。皮下脂肪起隔热和缓冲的作用。

皮肤是人体与外界接触的最外层，对人体起到一定的保护作用。所以，皮肤的保健和保养十分重要。

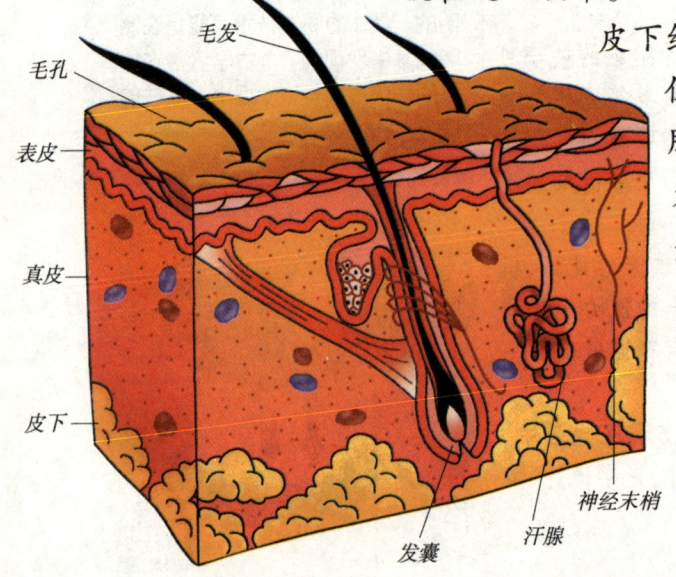

关于科技和人体有趣的问题

皮肤有哪些类型？

一般来说，根据皮肤的生理类型可以把皮肤分成四种类型：干性皮肤、油性皮肤、中性皮肤和混合性皮肤。

干性皮肤的皮脂分泌较少，皮肤角质层所含水分低于10％，皮肤纹理较细致，毛孔不明显，弹性差，缺乏光泽，干燥，有粉状脱屑，对外界刺激敏感，很容易衰老。

和干性皮肤相反，油性皮肤的角质层中水分含量正常，皮脂分泌量多，皮肤油腻发亮，毛孔粗大，对外界刺激的耐受性好，不易衰老，不易产生皱纹。

中性皮肤介于干性和油性皮肤之间，角质层的水分和皮脂分泌量平衡，纹理细腻，毛孔细小，光滑柔软，富有弹性，对外界刺激不太敏感。

混合性皮肤是由两种基本类型组成，通常为中性和油性或油性和干性皮肤组合。

不过，人的皮肤类型是随着年龄、季节、环境、习惯及身体状况的改变而发生变化的，并不固定。

出汗

人体皮肤中的汗腺，能排泄体内代谢的废物，有利于调节体温。

> **关于角化细胞……**
>
> 表皮的最内层是迅速分裂的未成熟角化细胞，当其成熟后便脱水、变平并向外移动，最终到达表皮的最外层，谓之角化。此时角化细胞也将完成它的一个生命周期。

为什么世界上有不同肤色的人种？

世界上有不同的人种，而人种之间最明显的差异就是皮肤了。人类学家把地球上的人分为三大类：黄种人、白种人和黑种人。黄色人种是世界上分布最多的人种。

一个人的肤色，与多种因素有关，如皮肤的折光性、毛细血管的分布、血液流量等，但最主要的决定于皮肤内的色素物质。色素分布愈多愈密，则人体肤色就会愈深愈重；相反，色素分布愈少愈稀，则人体肤色就会愈白愈淡。据统计，不同肤色人种的色素细胞量是不同的，在每1平方毫米内，白色人种的色素细胞约在1 000个以下，黄色人种则在1 300个左右，而黑色人种则超过了1 400个。

除了江、河里面的淡水，地球上还有可以利用的淡水资源吗？

随着现代工业化的进程以及用水量的突飞猛进，江水、河水、地下水等大量的淡水被污染，而淡水的需求量却与日俱增，世界上3/4的水都是海水，所以很多人都担心淡水资源会被消耗殆尽。但是，大家都忽略了一个可以利用的淡水资源——海冰。

地球的两极蕴藏了大量的海冰，约占地球总淡水资源的96%以上。可是结在海里面的冰不是咸水吗？其实不是，当海水结冰的时候，溶解在水里面的盐分大部分被排斥在冰的外面，而少量残存在冰里的盐分则形成了盐泡，所以，海冰其实是天然淡化了的海水，可以被当作淡水来使用。

海冰的资源非常丰富，有人计算过，一块表面积为2平方千米的冰山，可满足一个百万人口城市一年的生活用水。所以，海冰是未来解决淡水危机的一个新的途径，不过这也需要更为先进的科学技术，而且还要注意对环境的影响，科学地利用海冰解决淡水资源短缺才是最重要的。

海水淡化厂

海水脱盐

关于冰山引起的海难……

1912年，英国的"泰坦尼克"号豪华游轮撞上从北冰洋漂来的冰山沉没，1 000多人丧生，成为人类历史上最惨烈的海难之一。此后，人类对海冰有了新的认识。

海冰对环境有什么作用？

海冰看起来只是漂浮在海面上的一些冰，而且对于船只的航行有时还有障碍，那么它们是不是一无是处呢？

当然不是了。实际上，海冰在自然界中的脚色举足轻重，不可或缺。例如，海冰的数量变化可以直接影响到地球的气候。假如高纬度地区海洋里漂浮的冰减少了，低纬度的暖流便会北上，或是南下，使得原来的雨区变得干旱起来。

其次，海冰对于海洋的水温也起到一定的作用。海冰漂浮在海上，可以减少海水的蒸发，保持海水的温度。

此外，在地球两极的漂浮生物非常丰富，这是由于海冰可以促进海水的上下对流，对海水上下层的营养物质的传播和交换起到很大的作用，对海洋生物的繁衍生息十分有利。

总之，海冰对整个地球的影响十分巨大，我们要保护好海冰，不能随意滥用，即使是应用，也应注意保持生态的平衡。

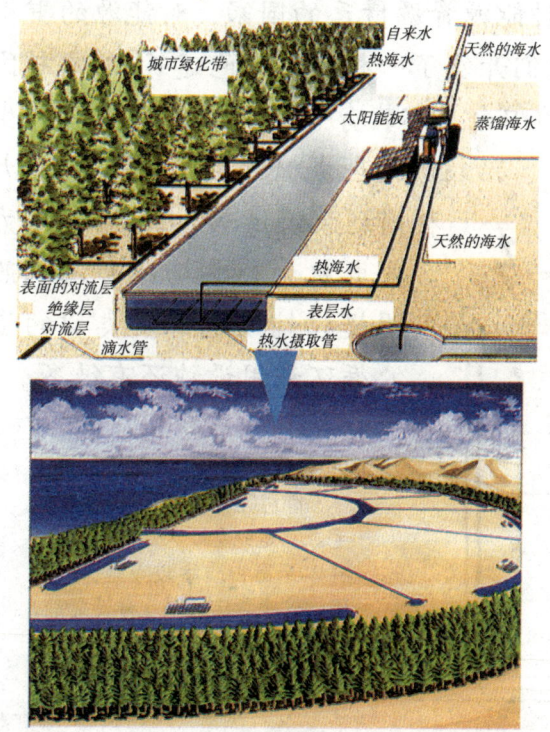

海水脱盐

除了海冰之外，还有其他可以利用的淡水资源吗？

除去海冰，就没有数量很大的淡水资源可以利用了。但是，作为组成地球 3/4 的海洋，还是有很高的利用价值的。

海水虽然是咸水，但是只要把里面的矿物质除掉就可以变为淡水了，现在很多国家都在积极研究海水的淡化技术，期望有朝一日，可以大量、廉价地利用浩瀚的海水。

现在的海水淡化技术主要有：海水蒸馏脱盐技术，海水反渗透脱盐技术，海水电渗析脱盐技术，以及离子交换膜脱盐技术。

什么是绿色建筑？它们指的是外表绿色的建筑物吗？

绿色建筑只是外表是绿色吗？当然不是了。现在全世界都在强调节能，环保，所以，应这一口号的要求，绿色建筑应运而生。

简单地说，绿色建筑就是尽可能地节约能源，尽可能利用一切科技手段，实现资源的循环利用，减少资源的消耗，同时最大限度地保证居住者的身体健康。

例如，有的绿色住宅装有太阳能装置，利用太阳能实现水的加温，或是提高室内温度，甚至发电。这样的住宅和传统的住宅相比较，可以节约大量的能源。

像日本这种能源资源匮乏的国家，对能源的重视程度非常高，他们开发了一种高层绿色建筑：每户居民的阳台上都装有一种垃圾处理器，可将生活垃圾处理成植物生长的肥料；在大楼前还装有风车，由它带动风力发电机为公共场所和走廊照明提供辅助电源。类似的资源循环利用设施还有很多。

关于生物住宅……

绿色建筑之后出现了生物住宅。它是完全以天然资源建造，并以无毒物质涂敷或盖色的住宅。这类住宅在破土建造之前，一般都要经过专门勘察，以确定无地下水脉和地球磁场的干扰。

关于科技和人体有趣的问题

什么是智能建筑？

智能建筑就是让建筑物变得和人一样，有"大脑"和"感觉"，并且可以根据建筑物的感觉，由"大脑"发号施令，调整室内和建筑物内的温度、光线等等。

例如，这种建筑物的室内小气候能随着室外气温、相对湿度等的变化自动调节室内相应的气温；建筑物窗外装有自动调控遮阳板或阳光反射板，能在一年四季自动对着太阳，并追随太阳转动，遮住炎热的阳光或者将阳光反射进那些需要阳光而又晒不进阳光的房间。

随着科技的发展，人们对住宅的要求越来越高，也越来越多地设计出了更适宜人类居住的房屋建筑，同时，新建筑也向着节能，充分利用可再生资源的方向发展。

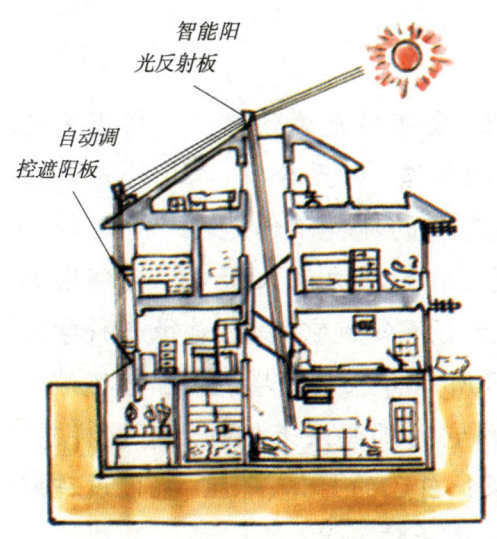

智能阳光反射板
自动调控遮阳板

什么是充气建筑？

充气建筑类似于充气轮胎，用薄膜密封材料做成一定的形状，充气后变成可以利用的建筑物。

这样的充气建筑大致有两种，一种像充气玩具似的，放气之后可以折叠存放，使用、储存都很方便，一般比较小；另外一种比较大，只是用薄膜做成顶盖，往里面吹风，使它鼓起来，形成密封的空间，这种建筑，重量很轻，造价也很低。

充气建筑还有一大好处，就是它的制造时间很短，节约成本、时间、人力、物力。

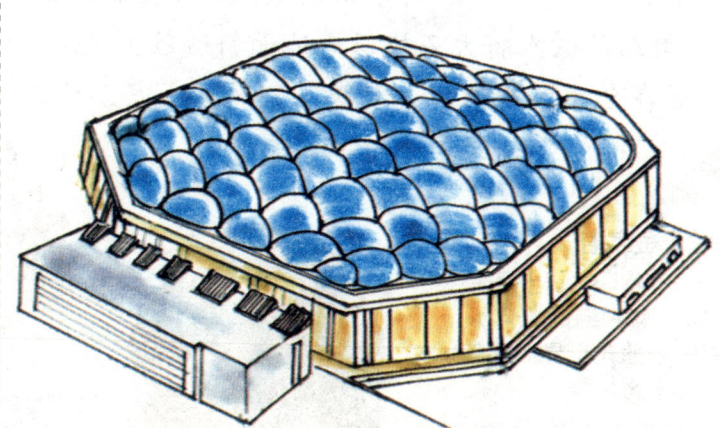

为什么说金字塔是人类历史上的奇迹?

在我们的世界上,金字塔是古代建筑遗留下来的杰作,也是一项伟大的创造。时至今日,人们还是无法相信,那时人们是在怎样的环境下创造这一奇迹的。不过,历史学家们倒是在想尽办法来研究。金字塔的名声享誉世界,几乎没有不知道它的,它是很多科学家的向往之地。人们只所以仰慕金字塔,在于它巧妙的建筑结构。不过,使用它的那些法老们并没有这样想,他们只是想让它来保护自己的尸体、珠宝、墓内设施以及方便他们"来世"的生活陪葬品。

金字塔中最出名的要数胡夫金字塔了。胡夫金字塔也称大金字塔,它的规模是埃及迄今发现的108座金字塔中最大的。这座金字塔建于公元前2560年,塔高146.5米,因年久风化,顶端剥落10米,现高136.5米。塔身用230万块石料堆砌而成,大小不等的石料重达1.5～160吨,塔的总重约为684万吨。它是一座几乎实心的巨石体,科学家们认为,在当时的条件下,成群结队的人将大石块沿着地面斜坡往上拖运,然后在金字塔周围以一种脚手架的方式层层堆砌。

关于金字塔……
在埃菲尔铁塔诞生以前,金字塔在几千年历史上一直是世界上最高的建筑物。

金字塔模型

关于科技和人体有趣的问题

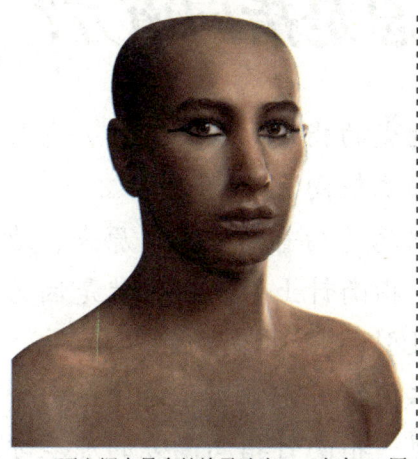

死亡疑点最多的埃及法老——年仅18周岁的图特卡蒙

是谁设计出金字塔的？

相传，古埃及第三王朝之前，无论王公大臣还是老百姓死后，都被葬入一种用泥砖建成的长方形的坟墓，古代埃及人叫它"马斯塔巴"。后来，有个聪明的年轻人叫伊姆荷太普，在给埃及法老左塞王设计坟墓时，发明了一种新的建筑方法。他用山上采下的呈方形的石块来代替泥砖，并不断修改修建陵墓的设计方案，最终建成一个六级的梯形金字塔——这就是我们现在所看到的金字塔的雏形。

为什么人们称它为金字塔？

在古代埃及文中，金字塔是梯形分层的，因此又称作层级金字塔。这是一种高大的角锥体建筑物，底座四方形，每个侧面是三角形，样子就像汉字的"金"字，所以我们叫它"金字塔"。伊姆荷太普设计的塔式陵墓是埃及历史上的第一座石质陵墓。不过对于金字塔人们一直在研究，它还有许许多多的秘密没有被揭开。

金字塔到底是用来干什么的？

神秘的金字塔里蕴含着无数的未能破解的秘密，就连金字塔是不是埃及法老们的陵墓都已经成为一个颇具争论性的话题。很多人都认为金字塔就是法老的陵墓，而且种种迹象也表明这种猜测的正确性，金字塔里面已经发现石棺或是木棺，也发现了很多葬礼中使用的小船（根据埃及神话，小船是法老们驶向来世的工具）。

但是，最关键的一点是，在金字塔里面并没有发现法老的尸体，而且许多法老似乎建了不止一个金字塔。于是，科学家们纷纷猜测，其中有人认为金字塔中没有尸体，却有大量的陪葬品，说明金字塔只是衣冠冢，是死去的法老们的纪念碑。

木乃伊

指南针为什么总是指向南方？

指南针是利用磁针制成的指示方向的仪器，它帮助在大海上行驶的航船确立航向。

为什么指南针的一端总是指着南方呢？原来，地球本身就像一块大磁铁，指南针上的小磁针就是因为受到地球这块大磁铁的吸引，总是指向南北方向的。

1600年，英国人吉尔伯特首先证实了地球是一个大磁体。也由于这一发现，指南针指向南方的原理才被揭开。

地球形成的磁场叫地磁场。地磁场的南北极和地理上的南北极子然相反，它的南极位于地球的北极点附近，而北极则位于地球的南极点附近。

虽然人类似乎感觉不到地磁场的存在，但它却对生物有着莫大的影响。研究人员发现众多迁徙动物之所以不会迷路而可以准确无误地到达目的地，都是依靠了地磁场的力量。还有很多海里的动物在成年后要回到出生的地方交配，产卵，它们也是利用地磁场来帮助自己测定目前精确的位置，然后找到回去的道路，从而回到阔别已久的故乡。

指南车

指南针是中国古代劳动人民的伟大发明。13世纪，欧洲人马可·波罗才把它传入欧洲，对以后人类的航海事业作出了杰出贡献。

司南

关于磁场……

磁场是电流、运动电荷、磁体或变化电场周围空间里存在的一种特殊形态的物质，其基本特性是对场中运动带电粒子施加力，或对场中有磁矩的粒子及物体施加转矩。

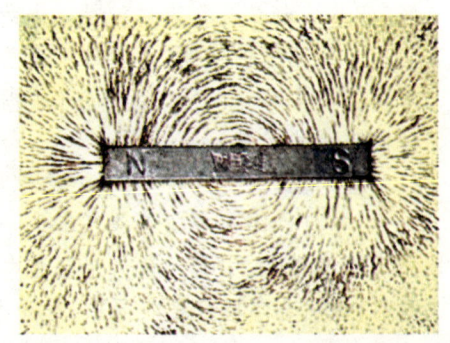

关于科技和人体有趣的问题

地球的磁场永远都没有变化吗?

地球本身就是一个大磁铁,它的南北两级就是磁性最强的地方。那么地磁场的南北两极是一成不变的吗?

其实不是。科学家称以前的地球磁场大约25万年翻转一次,但是,自从上次地磁翻转后,至今100万年没有翻转了,也许距离下次翻转的时间不远了。而且英美科学家们也发现,在过去的200年内,地球的磁场正在急剧地衰弱,他们中有些人预言,照这种速度发展下去,在未来的1000年内,地球磁场可能会完全消失,从而导致地球南北两极大翻转,然而有些人却认为这只是暂时的衰弱,几百年后地球磁场将会重新转强。

不管怎样,如果地磁场消失,那么地球上的生命都会面临着巨大的灾难,而最大的灾难莫过于强烈的太阳辐射。平时,这些宇宙射线在太空中全被地球磁场吞没了。然而一旦地磁场消失,这些太阳粒子风暴将会猛击地球大气层,对地球气候和生物命运将产生致命的影响。

太阳风暴到达地球形成极光

在任何一个磁体上,南极和北极总是成对出现的,它们的磁力强度相等

如果把一根磁条掰断,它还会同时有南极和北极吗?

每块磁铁都有南极和北极。在两块靠近的磁铁中,总会有一块磁铁的南极吸引另一块磁铁的北极,而相同的磁极之间总是排斥。假如把一块磁铁分成两部分,这两块小磁铁仍然具有两个磁极,而且一头是南极,另一头是北极。

鸽子是用磁场认路的吗?

许多鸟都有飞行认路的本领,特别是那些能作远距离迁徙的鸟,如燕子等。鸽子认路的本领也很强,又容易饲养和驯化,所以就一直成为人们的信使。为什么鸽子送信不会迷路呢?经过一些科学家的研究证实,鸽子不光能根据太阳和星星的位置来确定方向,它的体内还有感觉地球磁场变化的器官,能像指南针一样找寻方向。经过严格的训练,信鸽就能为它的主人送信了。

为什么影子总是跟着人走？它会不会丢呢？

不论在阳光下还是晚上的月光下，我们有时候能看见自己的影子，想甩都甩不掉，影子是我们身体的一部分吗？为什么要跟着我们呢？

其实，这是因为光的特性造成的。尽管月亮是不发光的天体，可是它还是反射了太阳光。影子的形成是因为光的直线传播。我们的身体挡住了光线，也就显现为影子。如果没有光，我们生活的世界就像黑夜一样，什么也看不见。

例如，海水的颜色是由海面反射光和来自海水内部的回散射光的颜色决定的。由于蓝光和绿光在水中的穿透力最强，所以，它们回散射的机会也最大。因此，海水看上去呈蓝色或绿色。从远海到近海，海水的颜色依次由深蓝逐渐变浅。

光都有来源，我们把能发光的物体称为光源，比如太阳。太阳是地球上最大的光源，也是地球上所有生物赖以生存的基础。所以，没有阳光也就没有了生命。

身体挡住光线的部分便在地面上形成了影子，同时影子会随着太阳在天空中的位置变化而发生改变

关于影子……

在地球上，南北极的影子最大，因为那儿太阳是斜着照射；而在赤道地区，影子是最短的，因为那儿太阳几乎是直着照射。而医学上使用的无影灯，是使用大面积光源，遮盖阴影地区。

关于科技和人体有趣的问题

传说阿基米德用镜面反射光线打败了敌军的战船

什么是反射？什么是折射？它们有什么作用吗？

当光照射某种物体时，有一部分会被物体表面反射回去，这就是反射。我们看到的物体的颜色，其实就是光反射的结果。若物体呈白色，说明这种物体可以反射各种颜色的光。

折射是光从一种物质进入另一种物质时，方向发生偏折的现象。例如，将一根筷子斜放进装有水的杯子里，我们会看到没入水中的部分翘了起来。

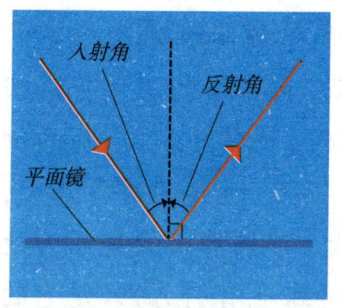

光的反射示意图

海市蜃楼是怎样形成的？

夏天，在平静无风的海面上，向远方望去，有时能看见山峰、船舶、楼台等出现在空中，古代人不明白这是什么现象，就把它叫作"海市蜃楼"。其实，这是由于光在密度分布不均匀的空气中传播时发生折射造成的。除此之外，沙漠里也有这种奇异的现象发生。

光的速度是多少？

在天文学上把光年作为长度单位，它的意思是光在一年内穿行的距离。那光的速度有多少，它一年又能穿行多远呢？这就要看它在什么媒质里穿行了。不过，在同一种媒质里，它都是沿直线传播的，它在真空中的传播速度是30万千米/秒，这是我们人类迄今为止所知道的最快的速度。1光年的距离也就是94 605亿千米。

我们所见过的最大的影子是什么？

这个问题显然是在考我，但是我的确知道。我们所见过的最大的影子就是地球的影子，其次是月亮的影子。

地球的影子在发生月全食的时候可以看到，而月亮的影子发生在日全食。不知道我的回答是否让你感到满意。

海市蜃楼

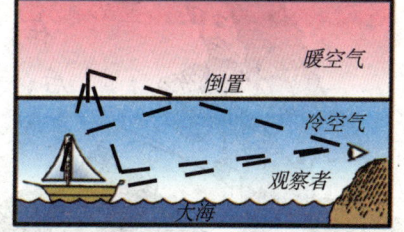

下雨后，我们所看到的彩虹以及透过装水的透明瓶、三棱镜及宝石等看到的彩色光，都是光的色散现象。平时常见的白色太阳光，实际上是由红、橙、黄、绿、青、蓝、紫组成的

牛顿和苹果有什么关系？他们怎们会联系在一起的？

每天，都有许多人经过苹果树，看它从青涩到成熟，也有人渴求，跳跃着想摘取，可是苹果早也不掉晚也不掉，就是砸在牛顿面前，它终于成就了牛顿。这的确说的有点荒谬。

可是万有引力的发现是和牛顿善于观察分不开的。成熟的苹果从树上掉下来，抛出去的石块会落回地面，这是因为万有引力的作用。也就是说，所有的物体之间都存在相互吸引的力。而且，物体的质量越大，它对其他物体的吸引力也越大。苹果掉落就是因为地球引力的原因。当然，苹果对地球也有引力，只是它的引力比地球对苹果的引力小。

重力对人类的生存有着重要的意义：如果我们人类长时间身体失重，会影响血液向下肢输送，不采取适当措施，就会造成下肢肌肉缺乏营养，甚至萎缩。所以，我们不得不穿上宇航服，才能保证我们的身体健康，真不知道，到时候我们会变成什么样。从某种程度上说，正是因为重力的存在，才有我们平静而有秩序的生活，失去重力后，一切在空中的物体将不会落到地面，那将是另一番景象。

牛顿发现苹果的坠落是地球的万有引力所致

关于重力……

同一物体在地球不同纬度地区所受的重力也是不同的。一般来说，越靠近两极的重力越大，越靠近地面的重力也越大。到了地球的中心，地心的质量为零，所以重力就为零。

关于科技和人体有趣的问题

重量和质量有什么不同？

通常重力是由于地球的吸引力而使物体受到的力，它的多少就称为重量。不过，其他天体也都有重力，所以重力是任何天体吸引物体的力，比如月球重力、火星重力等。质量是指物体中所含物质的多少。

质量是个绝对的概念，它不随物体的移动而改变。而重量就不同了，它会随着地点的改变而改变。例如，一个体重60千克的人，在月球上称出来就只是10千克。尽管人本身是没有改变的，可是它的重量却发生了改变。

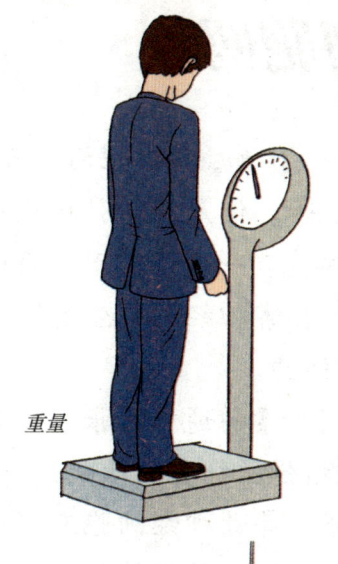

重量

地球中心有没有重力？

地球表面的重力是指地面某处所受的指向地心的引力。重力在地球内部随深度而有不规则的变化。从地表至2 900千米深度，重力虽有波动，但大致是逐渐减小的，这是由于地球内部质量分布不均造成的。而到了地球的中心，地心的质量为零，所以重力就为零。

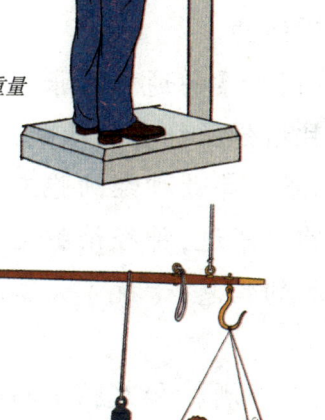

质量

力是什么？什么是作用力和反作用力？

力是物体对物体的作用。如果只有一个物体存在，而没有与它相作用的另一个物体，那么就谈不上这个物体与哪个物体相作用了，就不会有力产生。如踢球时，球和脚相互作用，它们之间产生了力，可以说球受到了脚的推力作用。球被踢出后，脚不再和球相互作用，因此球不受推力的作用。可见，力是不能离开物体的。

两个物体之间的作用力和反作用力总是大小相等、方向相反，作用在一条直线上，这就是牛顿第三定律。火箭在发射升空的过程中，就是通过燃料的燃烧产生一个向下的推力，进而产生向上的反推动作用。还有，轮船在水中航行，也是通过螺旋桨对水有一个作用，水就对船产生一个推力。

酒精会杀死脑细胞吗？

酒精对大脑当然会有作用，比如，引起吐词不清，笨拙，反应迟钝和各种抑郁症等。但是酒精引起这些问题并不是因为它杀害了脑细胞。一般情况下，酒精不会杀死脑细胞。不过，它会损害神经细胞分支的末端，影响神经细胞的信息传送能力。

酒精使细胞结构中调节钙元素的通道膨胀，大量的钙涌入到细胞中，刺激并且增强了细胞的活跃性。这种对细胞活跃性的不正常刺激，导致神经细胞末梢的丢失，但是不会杀死整个细胞。不过，神经细胞失去了末梢，意味着它们失去了引入的信息，干扰了大脑的工作。

酒精还会减缓信息的交流。酒精和大脑中脂肪酸结合，形成一种酯。这种化合物可以改变大脑中的化学和电流信号，这些信号的改变使得大脑的工作也被改变。它们改变大脑的方式如下：一个酯分子抓住并进入到一个神经细胞中，在这个细胞的内部，这种化合物加速了钾离子的流失，同时约束了神经传递素的释放，并且减弱了细胞之间的交流。

所以，酒精虽然不会杀死脑细胞，但是它毁掉了脑细胞的工作方式，这些损坏大部分是可逆的。

酒精会减缓信息的交流

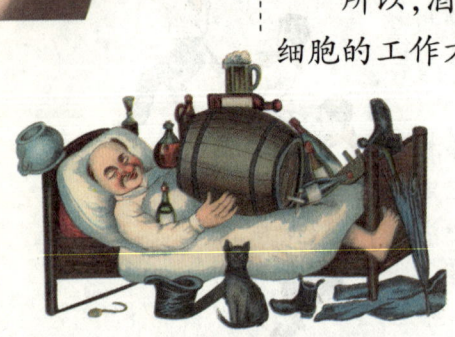

酒精会减弱大脑的协调作用

关于大脑……

酒精对脑细胞的损害并不是永久的。大脑自身有修复能力，只是在恢复的过程中，神经细胞的结构会有所改变。所以，虽然大部分的作用可以恢复正常，但是有一些却不可以了。

关于科技和人体有趣的问题

酒为什么能让人醉？

酒精对大脑的作用我们已经知道了，它和行为还有一定的联系。我们知道，它会减弱大脑的协调作用导致人说话含糊不清，平衡性不好。这就是我们平时所说的"喝醉了"。但是这些是怎么发生的呢？

酒会让人醉，这个原因很多，至今还没有一个定论，不过，有以下的一些可能性：

1. 在细胞的表面有特殊的调试器，它们可以控制特殊物质的进入。酒精似乎可以抢夺走一些感应器，驱逐细胞所需要的分子。

2. 酒精可以压制一些细胞感受器的信息，也许这其中就有可以刺激中央神经系统的细胞感受器。这就意味着酒精使得大脑和神经系统的工作减慢，妨碍神经传递素工作。

3. 酒精可能驱赶伽马氨基丁酸，这是一种神经传递素，它可以给中央神经系统传递一种使其悲伤的信息。

4. 酒精可以束缚住血液中的复合胺，这样它们就不能被输送到细胞里面。许多抑郁症的治疗药物里面都有压抑复合胺的物质。如果这是真的，就可以解释为什么喝酒后人会暂时性地感觉良好。

喝醉的情况实在很复杂，因为许多不同的物质会进入到身体和大脑里面。

酒会让人醉

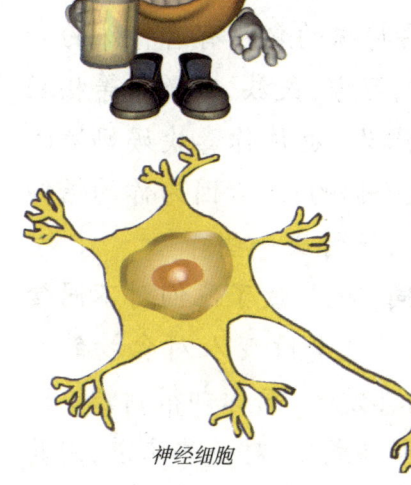

神经细胞

酒还会伤害人体别的部位吗？

喝酒的时候，酒会流入到胃和肠子里面。通过肠子的吸收作用，大量的酒精会进入到血液里，血液会把这些酒精带到身体的细胞中。它会暂时地减缓细胞的作用。尤其要注意酒精会损害人体的器官，特别是肝脏，因为肝脏会过滤毒素。

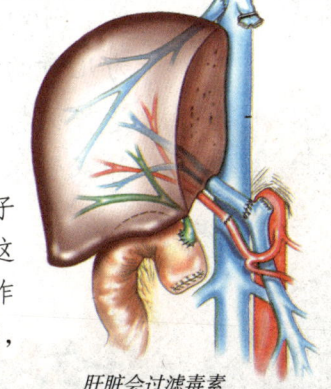

肝脏会过滤毒素

为什么人总是喜欢吃不同的食物？这是身体的需要吗？

当饿的时候，身体会发出需要补充能量的信号，而且当它们需要特殊营养的时候，也会给大脑发信号。

所以，从某些方面来说，人们对不同食品的喜好正是身体在告诉我们它的需要。也许周二的时候，身体觉得体内维生素A的含量较低，所以，大脑会发出信号，通知你多吃些胡萝卜；或者你需要一些蛋白质，这个时候，多吃些坚果就可以了。但是，如果是你想吃一些脂肪类的食品，这并不是说身体需要脂肪，而是需要摄入一些盐类物质了。

但是，人们有时对一些特殊的食物有着特殊的喜好，这是和他们的生活环境、习惯、民族、宗教等等相联系的。食品可以有不同的意义，也许你喜欢妈妈做的食物，因为这是妈妈特别做给你的；或者因为你的信仰的原因，你会喜欢一些食品，而讨厌一些。

任何人之间的口味不同，也导致了他们对不同食物的偏爱。随着年龄的增长也会改变人对食物的态度。例如，有些食物是妈妈喜爱的，而你却很讨厌。因为儿童的味蕾不像成年人那样成熟，对一些味道，尤其是苦味特别敏感，你也许会觉得花椰菜很苦，而你妈妈却感觉不到。

关于大脑与能量……

大脑怎样得到它所需要的能量呢？从葡萄糖里面。葡萄糖是唯一可以通过血－脑屏障的能量来源。血－脑屏障是一个功能类似于过滤器的物质，可以把毒素清除出大脑。

关于科技和人体有趣的问题

食物的消化需要多长时间?

有人说食物的消化需要 24 小时,这种说法对吗?

其实食物消化时间长短并不是固定的,这要看你吃的是什么东西了。如果吃的是大量的蔬菜和水果,那么它们被消化的时间就会大大地减少,因为它们大部分的组成成分是纤维素,这些纤维性的物质是我们无法消化的。但是,如果是高蛋白质,高脂肪的食物就会花费长一些的时间了。

儿童的肠子比较短,也许他们消化食物的时间要比 24 小时这个"标准"快得多。

在睡觉之前吃太多的东西对身体不好。因为在睡觉的时候,身体的新陈代谢会减弱,它们没有办法像白天那样高效率地工作,就没有办法完全消化掉睡前食用的大量食物。这时大脑和身体的各个器官都已经"吃饱了",它们不再需要能量了,所以,这些额外的能量就只能作为脂肪被储存起来了。

儿童消化食物的时间要比 24 小时快得多

奶酪

维生素胶囊里的维生素是从什么食物中提取的?

大部分的维生素胶囊并不是从食物中提取的,而是在实验室里面人工合成的。

这些胶囊外壳的组成物质大部分是无害的,所以它们可以食用。

有些人认为合成的维生素不如天然维生素好,这是因为维生素的来源形式不同,或者因为,在食物中,和维生素伴随的其他化学物质可以帮助提高维生素的吸收。

这的确是真的,但是身体对于合成的维生素和天然维生素的认可程度却没有不同。因为它们的化学结构是一样的。

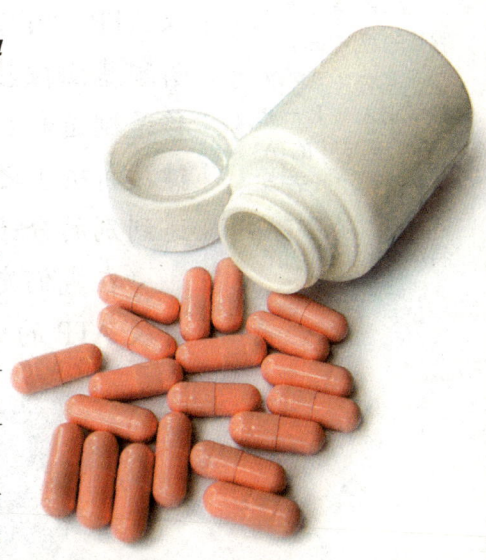

美国孩子最喜欢问的为什么

吃苹果的时候,是怎样得到能量的?

吃苹果的时候,人可以得到能量,其实这些能量的终极来源是太阳,苹果树中的叶绿体吸收并利用太阳光制造并储存能量,转化成糖分在苹果中储藏起来。人体细胞里面的线粒体可以打破糖分中的化学键,制造ATP,这样就得到了能量。

所有活着的生物都需要的物质是什么?ATP!这是因为ATP是能量"现金"。如果糖分是银行账户,那么ATP就是从账户中取出来的现金。生物的生存需要大量的ATP,身体的每个细胞都包含了大约十亿个ATP分子。

在吃苹果的时候,细胞开始把苹果里面的糖分变成碳水化合物和水,沿着这个方式,它的能量就转化进入ATP中了。每个ATP分子有三个磷酸基团,这三个磷酸基团被蕴含大量能量的化学键连接着。能量的转移是制造和打破这些化学键。分子内部的高能量化学键被打破了之后,能量不是以热量的形式散失,而是传递到别的分子中去了。

在我们走路,书画,思考的时候,细胞都在不断地打破ATP的化学键去取得能量。

苹果

> **关于ATP……**
>
> ATP 是三磷酸腺苷的英文缩写符号,它的分子式可以简写成 A－P～P～P。简式中的 A 代表腺苷,P 代表磷酸基团,～代表一种特殊的化学键,叫作高能磷酸键。

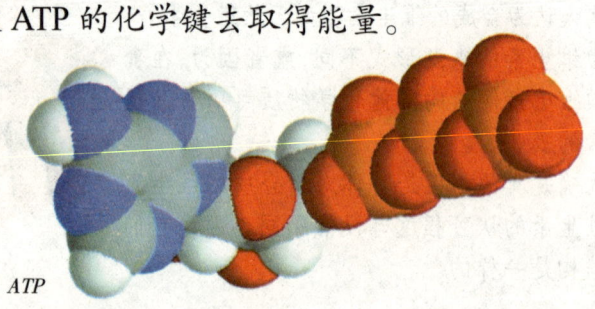

ATP

关于科技和人体有趣的问题

能量是怎样从糖分中被释放的？

生命所需要的能量从葡萄糖中获得,有两种方式。

第一种是没有氧气参与的,叫作"糖酵解",这也许是早期的有机体得到能量的方式。现在,像酵母菌的"发酵"就是从糖酵解中得到能量。其实,人也能通过糖酵解得到能量,不过这种情况发生在细胞缺氧,但是又特别需要氧气的时候。

第二种称之为呼吸作用。之所以糖酵解的方式逐渐被摒弃,是因为它效率太低。糖酵解只能从每个糖分子中得到两个 ATP。相比之下,呼吸作用的效率就很高了,不过它需要氧气和线粒体的参与。呼吸作用可以从每个糖分子中得到 38 个 ATP。

线粒体是 ATP 的产生场所,每个细胞包含着 1 000 ~ 2 000 个线粒体。心脏的 1/3 也是线粒体,因为作为身体血液的"抽水泵",心脏需要大量的能量去抽和吸取血液。

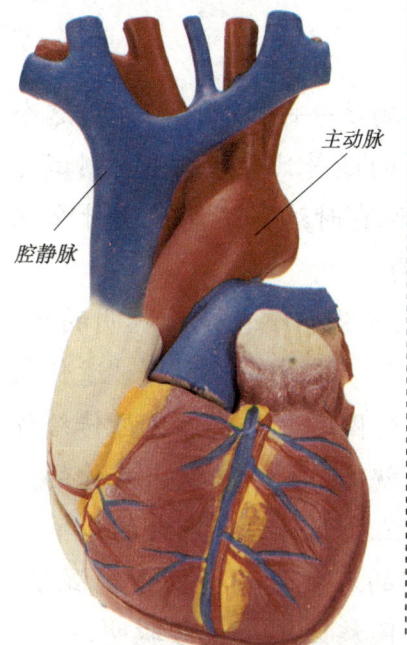

主动脉

腔静脉

心脏

什么是化学能？

化学能是原子间化学键中包含的能量。当这些化学键被打破,能量就可以被释放了。化学能的一个重要形式是糖分。身体打破糖分子中的化学键并且得到它们内部的能量。

太阳能安全吗？

太阳能是安全的,因为它不会像一些能量那样产生有毒的副产品,而且,太阳能也不会污染空气。

太阳是地球生物生活的最终来源,在太阳能的作用下,植物的光合作用才能制造能量,其他生物才能依赖植物而生存。

太阳能

美国孩子最喜欢问的为什么

为什么有的人聪明而有的人比较笨呢?

智商灰质相互关系

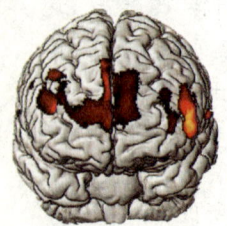

额叶

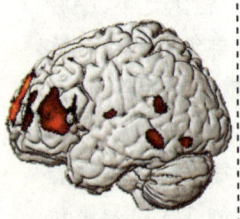

左半球

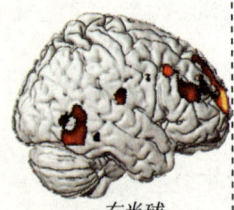

右半球

很多人热衷于做智力测试——IQ测试,并用这个结果来衡量一个人是聪明的还是比较笨。IQ测试可以给你的智力一个分数,但有时这并不能说明什么问题,也不能测试出你的潜力。

如果我们坚持用IQ来定义一个人是否聪明的话,那么就需要添加很多东西了。其中一个就是"遗传",换句话说,你是否聪明,很大程度上是由你父母传给你的基因决定的。另外一个就是环境,这意味着你的生长环境,以及你的成长历程对智商都有很大的影响。所以智力是个混合体。有的人把这两个因素搞混了,所以才会无聊地争论这个民族比那个民族聪明。

记忆力也是衡量智力的一个因素,越是努力地去填充记忆,越是容易学到相关的新的知识。不管你有时会怎样想,大脑永远不会被填满。它只是在原本零碎的信息中创建更多的联系。智力也有限制,例如注意力。

所有的能力都是遗传和环境共同作用的结果。所以定义"聪明"很难。

关于IQ……

很多所谓的"神童",都是在幼年时期IQ数值比较高的,但是这种测试并不能准确地测出人的智力水平。所以,大部分的"神童"在长大之后,和普通人并没有什么区别。

关于科技和人体有趣的问题

怎样做一个完美的笨蛋

智力是建立在很多重要的基本能力和技能上的，而不是盲目的寻求

决定智力的因素很多，但智力有没有一个最终的定义呢？

智力是极其复杂的，牵扯的因素太多，所以，至今不论是从科学的角度还是从社会的角度，都没有人能对智力下一个能被学术界公认的、恰当的定义。

而且智力的现象也很复杂和奇怪。有的人数学很好，但是对其他的科目却一塌糊涂；有的智力水平一般，却有很强的创造力。所以，没有单一的能力可以定义智力的水平。但是智力却是建立在很多重要的基本能力和技能上。

工作经验就是很重要的一项。这是一种可以熟练利用记忆并且在同一时间内联系并且解决几个不同事务的能力。工作经验越多，相同时间联系和解决的事情也就越多。所以，在很多领域的工作和研究中，工作经验丰富的人就会比较受欢迎。

成绩好能说明什么问题吗？

学校的学习大部分是对智力的训练，而所谓的成绩好坏很多都是由单一的考试决定的。智商高的人在考试中很容易占到优势，因为他们的短时间记忆力和处理复杂事情的能力相对较高，而考试，偏偏是对这些能力的一个综合考核。但是，对大部分人，智力的应用也就到此为止了。因为智商并不能决定学习之外的大部分事情。

美国宾州罗文斯坦学院的一项研究表明，美国总统布什的智商是91，老布什比他好些，为98。这种水平的智商，只能说是中下等，但是他们可以登上美国总统的位子，足以说明，智商并不代表什么。

现在流行的 IQ 测试，实际上只是学习的能力，而且由于人的智力情况极其复杂，并不是一些试题可以测试出来的。

美国孩子最喜欢问的为什么

为什么笑得多了,肚子会痛?

可能每个人都有这样的经验,微微一笑的时候,只能是心情愉悦了一下,但是,如果是你开怀大笑,在笑的过程中,肚子也会痛,这是为什么呢?

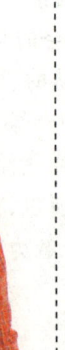

大笑的时候摸一摸自己的肚子,会感觉到肚子上的肌肉在强烈地收缩,肌肉的收缩会压迫内脏。而一上一下的压迫使得内脏在无可奈何之下也会随之上下波动。内脏之间是由一些筋膜联系的,在内脏上下活动的时候,这些筋膜也在运动,而笑得过火了,筋膜拉扯得过火,自然就会受不了,有痛的感觉。

不过这种感觉只是暂时的,只要停止了"剧烈"的大笑,这种疼痛就会随之消失,不会对身体产生什么不良影响。

为什么人在笑得厉害的时候也会流眼泪?对于这个问题,科学家们也没有确切的解释。但是一些人认为,这些眼泪和感情有关。当我们的感情处于极其兴奋的时候,身体会产生大量的荷尔蒙,和因为愤怒所流下的眼泪一样,这种感情的眼泪里面含有较多的蛋白质。但是身体并不需要这些荷尔蒙,所以通过眼泪把这些多余的荷尔蒙排泄出去。这就是笑得太厉害却会流泪。

关于笑……

我们会笑是因为我们感觉良好。在别人摔倒的时候,甚至别人受伤的时候会笑。也许有些人会说,我们笑,因为受伤的不是自己。这个答案并不很好,但是至少能说明一些问题。

关于科技和人体有趣的问题

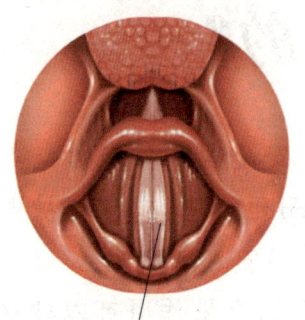

说话和唱歌时的声带是关闭的

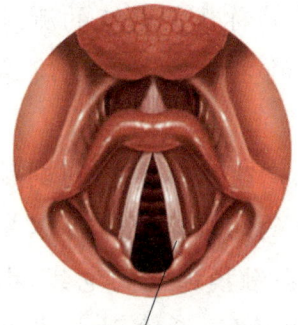

正常呼吸时声带是开启的

笑的时候声音是怎样发出来的？为什么各种笑声都不相同呢？

如果只是微笑，很少会发出声音，但是，如果笑得很厉害，那么不但会发出声音，而且这时发出的声音和平时说话的声音也是大不相同，这是怎么回事呢？

笑得很厉害的时候，肚子的肌肉首先收缩，压迫内脏往上顶，然后还会恢复，内脏又会"落下来"。在内脏往上顶的时候，会迫使内脏上的横膈膜也往上顶，这样胸腔的容积就会减少，肺部就会往外压缩空气，而空气经过声门，经过摩擦就会发出声音，而笑的时候口型变化不一，所以发出的声音也就千奇百怪了。

笑有什么好处？

笑可以对人产生积极的影响。当人在因为听到笑话或者是看到卡通节目哈哈大笑的时候，脑中有一种能够引起愉悦和受到鼓舞的感应网络会被启动，这样，人们对生活的一些看法和态度就会向积极的方向改观，心情也会得到改善，笑也会减缓自身的心理和社会的压力。

有些人不爱笑，而且和周围人也很难相处，原因很可能是这些人的愉悦和兴奋感应网络发育得不健全。

笑可以对人产生积极的影响

除了人类之外，别的动物也会笑吗？

人在高兴或是愉悦的时候会发出爽朗的笑声，其他的动物和人一样，它们也有感情，也会有高兴和伤悲。它们会"笑"，会表达自己快乐的心情，但是方式和人类却不一样。

电是怎样"杀人"的?

电是很危险的,根据兰辛安全理事会统计,美国714人是在家里因为安全事故而死亡,其中包括被电死的。为什么电也能变成"杀手"呢?

电之所以很危险,是因为它的分裂作用可以破坏人体器官。我们用两个量来描述电的性质:电压和电流。电压的标准测量单位称为伏特(简称伏),电流的测量单位是安培。决定电对人体作用的主要原因是电流通过人体的数量和路径。

少于0.02安培的电流可以产生从麻痹感到剧烈的疼痛这样的感觉,但是更为严重的后果是电流可以导致肌肉收缩,例如,一个人伸出手去触摸通电的电线,由于电流的作用,使得手的肌肉向内收缩,手会被粘在电线上。有经验的电工有时候必须去触摸电线,他们总是使用手背:如果电流存在,电流收缩肌肉,手可以离开电线。电流从0.03～0.07安培将会损坏呼吸。最危险的电流是从0.1～0.2安培,这个范围内的电流引起心脏纤维颤动,导致身体血液流动的不规律,从而死亡。电流大大超过0.1安培不会导致心室纤维颤动,而是心脏直接停止跳动。如果电流通过人体的时间很短,在电流消失后,心脏还会重新开始跳动。

用湿抹布去擦灯泡,也有触电危险。

下雨天,特别是闪电、打雷的天气,若在树下躲雨,会有生命危险!

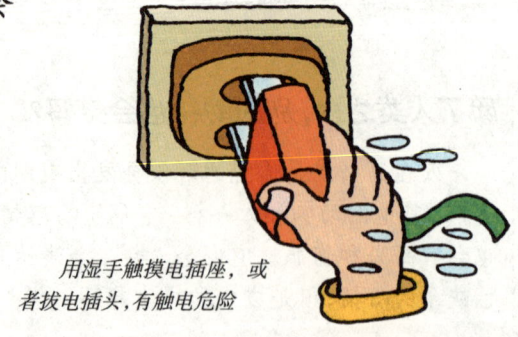

用湿手触摸电插座,或者拔电插头,有触电危险

关于科技和人体有趣的问题

为什么人在潮湿的状态下更容易触电？

通过人体的电流量是由人体的电阻和电压比率决定的，用公式来表示就是：电流＝电压/电阻。

这个可以解释为：电阻越小，或者电压越大，通过身体的电流就会越多。举例来说，一枚电池的电量是1.5伏，汽车的电池是12伏，而电路中是110伏。人体本身是一个电阻，它的电阻值是100～100万欧姆不等。

潮湿的皮肤对电流的抵抗力要远远小于干燥的皮肤。这就是为什么在淋浴或是洗澡的时候不要使用用电器的原因。虽然用电器的电压对于干燥的皮肤不能产生强大的电流，但是同样的电压却可以在潮湿的皮肤上产生很危险的电流。

不过，如果人体的电阻低于100欧姆，即使电压小于20伏，也会产生致命的电流。

人触摸受潮的电箱

关于安全用电……

在使用电器之前要认真阅读使用说明书，电器一般都要放在小孩子接触不到的地方，而且还要从小加强对孩子的安全用电教育，从各方面杜绝危险用电。

还有别的因素决定电流作用的大小吗？

除了电压和电阻之外，电流通过身体的路径也决定作用的大小。

电流进入身体，它们总是想找个阻力最小的路径，然后从身体与地面接触的地方流向地面。因为心脏在身体的左边，用左手接触通电的电线意味着电流到达地面的最短路径要通过心脏；而如果电流从身体的右面通过，就会大大减少对心脏的损害。

在使用电器的时候一定要注意，电器的尺寸，电流的路径和电流通过人体时间的长短以及人体的电阻强度都是决定电流对人体危害的因素。对所用的与电有关的一切东西都要认真对待，小心使用。

静电的排斥作用使她的头发竖了起来

口腔里面有没有细菌？它们有害吗？

细菌几乎无处不在，所以口腔里面当然也会有细菌。一个人口腔内的细菌数量比地球上的全部人口还要多，人全身的细菌大概有一百万亿，这些生物快乐地在你的口腔、胃、肠子里面、耳朵后面和一切它们可以定居的地方生活。

口腔里面大约生活了100多种细菌，而且还有上百种的真菌，原生动物和病毒。一些科学家估计人的口腔里面有超过500种细小的生物，虽然，被确定和命名的只有五十多种。很惊讶为什么会有那么多的细菌在口腔里面，想一想口腔内部的条件：温度适宜，100%的潮湿，以及大量的食物，简直就是一片适宜生存的丛林。

在这个丛林里面，每个小生物都起到不同的重要作用，它们生产不同的产品，互相蚕食，抵御外敌，数量一天一天地增长。而且不同种类的细菌在口腔中生活的位置也不同：一些喜欢住在牙齿间的缝隙中，一些乐意舒服地住在牙龈和牙齿之间，一些住在舌头上。尽管你的口腔内生活了如此多的生命，但是，大部分的细菌不会对你的身体产生不良的影响，甚至，它们还会保护你不受外来病菌的侵略。

舌头

链球菌

勤刷牙有助于牙齿的健康

关于口臭……

口臭产生的原因很多，其中之一是患有口腔疾病的人，他们的口腔内容易滋生细菌，尤其是厌氧菌，其分解产生出硫化物，发出腐败的味道，从而产生口臭。

关于科技和人体有趣的问题

口腔里的细菌都是好的吗？为什么我们每天还要刷牙呢？

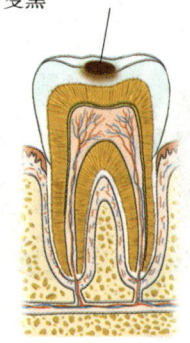

蛀牙初期，蛀牙部位变黑

大部分口腔中的细菌只是想在你的口腔里面找一个舒适、安定，也不用交房租的居住地，它们不会对你有什么伤害。但是链球菌却是一个坏家伙，因为它们会在你牙齿上"凿洞"。

不过链球菌也不是从一开始就是个坏蛋，在一定的时间和条件内，链球菌还是那些无害的，快乐生活的家庭中的一员：链球菌和其他细菌一样生活在口腔内，并且对人体也有一定的帮助，例如帮助取出那些真正的坏细菌。那么什么让链球菌变坏了呢？糖！也许这是好多人最不爱听的了。但是等你吃了太多的精糖之后，你就会知道，谁是真正喜欢精糖的了——链球菌。

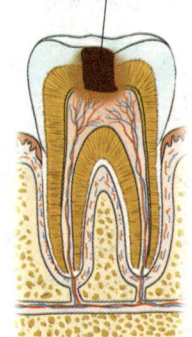

细菌侵入牙髓

作为消化的一部分，链球菌把糖变成酸。在人没有摄入精糖之前，唾液里面的重碳酸盐离子阻挡了那些酸。但是，一旦吃了太多的精糖，链球菌就会产生大量的酸，数量之多，是唾液阻止不了的。而这些酸就是在你牙齿上形成"洞洞"的原因。

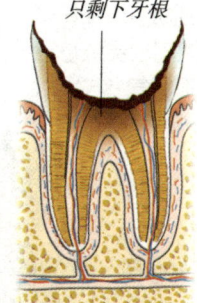

只剩下牙根

除了链球菌，口腔内还有其他一些能引起呼吸不良等麻烦的细菌，最好还是能把它们控制一下。最简单的就是按时刷牙，这样可以把细菌的数量抑制到一个对健康无碍的程度。

关于口腔内的细菌……

如果把口腔内的细菌全部消除掉，反而会有副作用。因为你在无意间又为一些新的细菌开辟了"领地"，这些细菌里面可是有真正的"坏蛋"，例如酵母菌。

为什么有时候水灭不了火?

在日常生活中,一旦因意外着火了,我们就会马上想到用水来解救。但有的时候就不能使用水。例如,当油着了火,不论是食用油还是汽油,都不能用水来灭火。这是为什么呢?

因为油比水轻,如果把水倒在正燃烧的油上,油就会分散开来,漂浮在水面上,燃烧的面积更大,火势也更迅猛。而这个时候,泡沫灭火器就派上了用场。

一般的木材、纸张等着火后都可以用水扑救,把水直接泼洒在可燃物上,就可以熄灭火焰。其他像干冰、砂子等等物质也可以灭火。它们灭火的原理都是因为水或者砂子等物质可以把燃烧的物体和空气中的氧气隔开。而且水一旦碰到热的东西,还会夺去那东西大量的热量,然后放出大量的水蒸气。这些水蒸气把燃烧的物体包围起来,使它和氧气隔开。没有氧气,物体便不能燃烧了。

不过,针对不同的燃烧物质,灭火一定要找对灭火的物质,否则不但灭不了火,还会越烧越旺。

有的燃烧须用泡沫灭火器进行灭火

关于"燃素"……

在200多年前,还不知道火为什么能燃烧,有人认为燃烧是由一种被称为"燃素"的物质决定的。现在,我们明白并没有"燃素",可燃物质被加热到一定温度时就会燃烧,并且有氧气参与。

关于科技和人体有趣的问题

燃烧的基本原理是什么？灭火的原理又是什么？

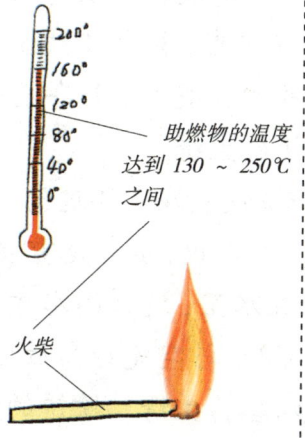

在温度达到 130～250℃之间时，纸张发生燃烧。

助燃物的温度达到 130～250℃之间

火柴

燃烧必须具备三个基本条件。首先要有可以燃烧的物质，就像木头，油，纸等；其次还要有助燃物，氧气、氯酸钾等氧化剂；最后还要有一定温度，即能引起可燃物质燃烧的点火源。只有当这三个要素都齐全了，并且相互作用的时候，燃烧现象才会出现。

物体都有一个"燃点"，也叫着火点，这是可燃烧物质燃烧的最低温度。有的物体在空气中可以自燃，就是因为其着火点比较低。

灭火的原理也很简单，只要让燃烧的三个要素不齐全，火就不会着起来。而有些燃点很低的物质，就要将它们以特定的方法储存。如白磷燃点只有40℃，在空气中就可以燃烧，而且白磷本身有毒，所以不能将它放在空气中。一般都是把少量白磷储存在水里，但水面要高于白磷并且隔绝空气，而大量暂时不用的白磷应存在瓶子里，埋入沙土中。

为什么炭火越吹越旺？

木炭在燃烧的过程中，需要不断地补充氧气。如果对炭火扇风，能使正在燃烧的炭获得更多的氧气，炭火就不会熄灭。这主要是由于炭的体积比较大，整块炭都达到燃点的温度后，积存的热量比较多，充分的氧气供应，能使炭火燃烧得越来越旺。但是如果木炭体积比较小，使劲给它扇火，它也会熄灭。

对炭火扇风，能使正在燃烧的炭获得更多的氧气，炭火就不会熄灭。

冷水，热水的灭火效果不同吗？

它们的灭火效果是有差异的，热水的灭火效果比冷水要好一些。当热水喷洒在燃烧物上，不仅起到冷却的作用，而且燃烧物的周围很快被一团团蒸汽所笼罩，使四周氧气减少，大火一旦缺氧，火势就会受到控制，这些蒸汽层起到大面积窒息作用，从而使火势由强而弱最终达到灭火除灾的效果。

美国孩子最喜欢问的为什么

为什么铁容易生锈，而不锈钢则不容易？

铁在水中生成铁锈

所谓不锈钢，也是有一定时间限度和环境限度的。

它应该保存在正常环境下。如果放在强酸性环境下，也会马上生锈。

铁容易生锈是它的化学性质活泼的缘故，同时也与外界条件有极大关系，水分是铁容易生锈的主要条件。当空气中的氧气溶解在水里，就会使铁生锈。事实证明：在绝对无水的空气中，铁放上几年也不会生锈。但是，光有水也不会使铁生锈。

人们曾经试验过，把一块铁放在煮沸过的、密闭的蒸馏水瓶里，铁并不生锈。所以说，水分是重要的，而且需要空气中的氧气溶解在水里，这样的水才会使铁生锈。钢铁在靠近水面的部分，与空气距离最近，水中所溶解的氧气也最多，所以容易生锈。铁锈的成分很复杂，主要是氧化铁、氢氧化铁与碱式碳酸铁等。

平常使用的不锈钢看起来不会生锈，不锈钢的主要成分也是铁，为什么它却不会像铁一样生锈呢？

不锈钢之所以能防止生锈，是因为它的成分中除了铁外，还有铬、镍、铝、硅等。这些元素在一起后，能改变钢的性能，容易在钢的表面生成一层致密的氧化物保护膜等，从而提高不锈钢耐腐蚀的能力。

生锈的铁皮

关于铁的存在形式……

铁的存在有三种形式：金属铁、二价铁离子和三价铁离子。铁在动物体内分布很广，几乎所有的组织中都含铁。不过这些铁都是以离子的形式存在的。

关于科技和人体有趣的问题

不锈钢也会生锈吗?

什么事情都没有绝对的,都是相对的,不锈钢也是一样的,它也是有一定时间限度和环境限度的,在一定条件下不锈钢也会生锈。

不锈钢是靠其表面形成的防护膜,才获得了抗锈蚀的能力。一旦有某种原因,这种薄膜遭到了不断的破坏,空气或液体中氧原子就会不断渗入或金属中铁原子不断地析离出来,形成疏松的氧化铁,金属表面也就会受到不断的锈蚀,从而"生锈"。它应该保存在正常环境下。如果放在强酸性环境下,也会马上生锈。

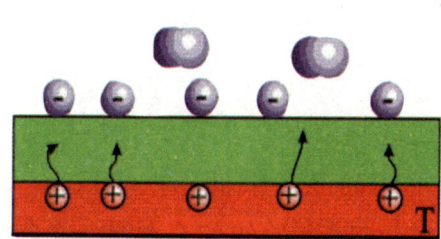

空气中的二氧化碳溶在水里,也能使铁生锈。

什么是合金?

由一种金属跟另一种或几种金属或非金属所组成的具有金属特性的物质叫合金。合金一般由各组分熔合成均匀的液体,再经冷凝而制得。例如,青铜就是红铜加入锡或铅的合金,因颜色青灰,被称为青铜。较红铜软且熔点高,为1 083℃。青铜铸造性好,耐磨且化学性质稳定。而铝合金是我们平时接触最多的一种合金。

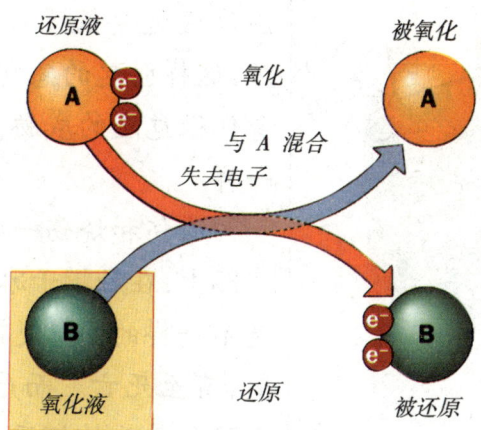

不锈钢材质

钢和铁是一回事吗?

其实钢也是一种合金,它的主要成分是铁。一般的钢材是铁和碳的组合物,其他种类的钢则是铁和别的元素的合金,例如,加入锰、硅、铬、钼等等的元素。这样生产出来的钢具有不同的性质,可以满足不同的用途。

把干冰放在手上为什么会有灼烧的感觉?

干冰是由二氧化碳通过降温加压变成的,所以,干冰就是固态二氧化碳。干冰的温度很低,为-78℃。

如果空着手去取干冰,皮肤上的组织会结冰,这个过程仅仅耗费2秒的时间。怎么会这样呢?

皮肤上有着冷、热不同的传感器。传感器只能在一定的范围内感应得出冷热的变化。触摸到的干冰的温度远远要低于人的手上的感应器所能体会到的温度,这样引起的感觉就不是冷了,而是疼痛。结冰是对身体很危险的威胁,这时的感觉好像就是被火烧到了一样。

冻伤和烧伤一样,都是一个让人很痛苦的过程。实际上,在触摸干冰后,不同程度的冻伤导致的结果也是不一样的:即使轻微的冻伤也能导致细胞结冰,开裂,直至死亡。而严重的冻伤,可以包括皮下组织,肌肉腱和骨头的坏死。

所以接触干冰的人一定要穿特殊有保护性的衣服或者戴着皮手套。

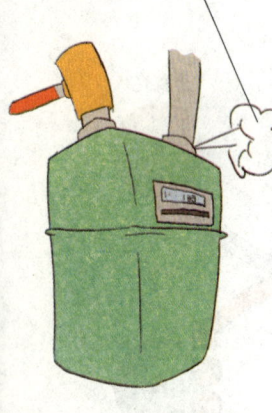

煤气泄漏后产生一氧化碳,当一氧化碳达到一定的浓度时,一遇火星就会产生燃烧甚至爆炸

关于干冰的发现……

美国某地质勘探队,有一次在勘探油矿时,他们用钻探机往地下打孔,忽然从地下喷出一大堆像雪花一样的固体。好奇的队员上前滚雪球,结果手上起泡变黑。原来那是干冰。

关于科技和人体有趣的问题

人工降雨是使用飞机往地面洒水吗?

人工降雨是大家很熟悉的词汇了,每当哪儿有了旱灾,为了缓解灾情,当地的人们总是利用人工的方法,让雨水降落下来。这当然不是拿着水壶从空中往下洒水,而是利用科学技术,让天上的水"老老实实"地自己下来。

人工降雨常常用到干冰。因为干冰在升华的时候,会吸收大量的热,使周围空气温度降低,而且没有液体留下,因此可作制冷剂。如果用飞机从高空撒播干冰,由于干冰升华吸热,气温降低,空气中的水蒸气迅速冷凝变成小水滴,于是,就开始下雨了。这就是干冰用于人工降雨的秘密。除了干冰之外,人工降雨还可以使用碘化银,道理和干冰是一样的。

不过,很多人对人工降雨的安全性存在着一些怀疑,干冰、碘化银这些东西会不会对环境造成损害呢?这个是不必担心的。因为这些物质的数量和雨水相比是很少很少的,少到可以忽略。因为,太多了是会导致降雨失败的。

氧气和二氧化碳的平衡受到破坏,使自然界产生温室效应。

关于温室效应……

工业化发展,煤、石油、天然气等燃料的大量燃烧,人口骤增,森林的不断被砍伐,人类的活动大量消耗氧气产生二氧化碳,使得大气中的二氧化碳含量不断增加,自然界中氧气和二氧化碳的平衡受到破坏,从而产生温室效应。

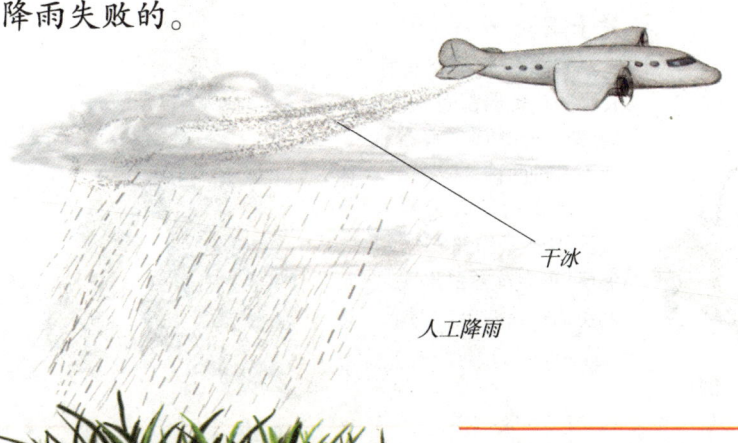

干冰

人工降雨

陶和瓷是一回事吗？

陶瓷技术在很早以前就出现了，人们在劳动中学会了制作陶器，为生产生活带来了方便，陶瓷技术也成为人类文明史上的重大发明。

陶瓷是陶器和瓷器的总称。研究古陶瓷的专家学者大多把陶与瓷文化，统称为陶瓷文化。

人们认识到黏土有可塑性和耐火性，经过特殊的工艺，然后用火煅烧就会形成实用的陶器。后来，由于科技的进步，人们在陶器坯外涂了一层釉彩，然后进行烧制，就出现了彩陶。釉彩的原料是一种金属氧化物，把它涂在陶器坯表面，再经过高温烧制后，这些氧化物便熔融成了光滑致密的表层，包在陶器外面。

陶器和瓷器有很多区别。首先它们烧成的温度是不一样的。陶器的烧成温度在 600～900℃，而瓷器的烧成温度达 1 200℃ 左右，因为陶器烧制的温度低，所以和瓷器相比，陶器的硬度要差些。而且很重要的一点是它们的原料不同：陶器使用一般的黏土就可以，但是瓷器则是瓷土的产物。

陶瓷

陶瓷

瓷器

关于陶瓷……

陶器和瓷器还有其它不同，瓷器都得上釉，而陶器却无所谓，有上釉和不上釉两种。

其实它们之间的主要区别还是原料和烧制温度，而且陶器的出现时间也比瓷器要早。

关于科技和人体有趣的问题

有没有像玻璃一样透明的陶瓷？

一般的陶瓷是不透明的，但是现在却出现了透明的陶瓷。比方说高压钠灯，它的灯管使用的不是普通玻璃，而是一种能耐高温的特殊材料，它就是透明陶瓷。

普通的陶瓷不透明是因为陶瓷内部的杂质可以吸收光线，而气孔令光产生散射。透明陶瓷就是采用先进的技术除去了杂质和气孔，这样，陶瓷就变得透明了。而且经过选用高纯度的原料，可以使陶瓷的透明度更好。

普通玻璃也是透明的，但是相比之下，透明陶瓷不仅有耐高温、耐腐蚀的性能，而且还有很高的硬度和强度。在1 000℃的高温下也不会软化、变形；电绝缘性能、化学稳定性都很高。除此之外，它还被用作超音速飞机的挡风窗板和高级轿车的防弹窗。在飞机和导弹的雷达天线罩上也有透明陶瓷被运用。

采用透明陶瓷镜头的卡西欧数码照相机

金属陶瓷是什么？

在发射的火箭上，有一种能够耐高温的金属陶瓷，它能抵挡住5 000℃的考验。它是什么材料呢？

原来，人们把一些金属细粉掺到黏土里，烧成了金属陶瓷。它既具有金属和陶瓷的一些优点，又弥补了两项材料各自的不足。

金属陶瓷具有耐高温、有弹性、高硬度和抗氧化性能等。此外，金属陶瓷还可以用来切削金属和军事武器的制造 等。

金属陶瓷

色彩鲜艳的陶瓷不好吗？

很多人喜欢鲜艳的色彩，而且在购买陶瓷用具的时候喜欢买颜色鲜艳的。其实，色彩越是鲜艳的陶瓷，里面的重金属添加剂就会越多。所以，选择素淡一些的陶瓷反而会更好。

色彩鲜艳的陶瓷

为什么可乐倒在杯子里会有泡泡逸出来？

取一听可乐，轻轻拧开瓶盖，倒入杯子里，奇怪，杯子表面怎么会有泡泡冒出来呢？这些泡泡是什么呢？它们是可乐里面的东西吗？

杯子表面会出现泡泡，这是因为二氧化碳从可乐里面逸了出来。

二氧化碳来自可乐里面的碳酸部分。同时瓶子的上方留有空间，其中也有少量二氧化碳气体。据测试，罐子里面的压力是罐子外空气压力的两倍。二氧化碳分子有流动性，在可乐液体和瓶子上方的空气中来回游走，这样在罐子里面的二氧化碳达到了一个量的平衡。当打开瓶子后，几乎罐子里所有的气体喷了出来，罐子里面的压力迅速下降，平衡被打破了。这意味着什么呢？二氧化碳从可乐里面逃逸了出来，就是我们看到的杯子表面的泡泡。

将瓶子中的可乐倒入杯中时，二氧化碳从可乐里面逸出来表现为气泡。

关于碳酸……

可乐里面含有碳酸，碳酸是一种不稳定的酸，很容易分解成二氧化碳和水，这就是可乐里面有二氧化碳的原因。

关于科技和人体有趣的问题

二氧化碳不是气体吗？它们从可乐里面出来为什么不是气体的形式呢？

大量的二氧化碳分子从可乐里面逸了出来，大大超过原来瓶子顶端那些气体的体积。而且，它们并不是单独地出来，而是聚集在一起，以泡泡的形式跑出来。

但是，这个并不是那么简单。二氧化碳分子想要变成泡泡需要消耗能量。

首先二氧化碳从自己周围不断寻找细小的泡泡，做一个泡泡的表面，从可乐里面把气体分散出去。当这个表面完成的时候，工作已经完成了一部分了。剩下的工作就是要把泡泡变大，于是它继续寻找小泡泡。二氧化碳从哪儿找到细小的泡泡呢？猜一猜！答案是杯子的边缘和底部，那儿的细小缺口和凹点蕴藏着无数的空气泡泡。

二氧化碳从过于饱和的可乐中出来，通过增大原先细小的杯子里面的泡泡。很快，泡泡就会变得很大，可以看见了。

喝可乐的时候，为什么会打嗝？还有别的什么原因可以引起打嗝？

因为可乐里面溶有二氧化碳，在喝下可乐的时候，二氧化碳也随之进入人体中。二氧化碳不会静止，当里面的气体充斥太多时，它们就会往外跑，所以就会引起打嗝。

吃饭的时候，如果饮料、水一类的液体摄入量过多，冲淡了消化液，也会引起打嗝。

像阿司匹林一类的药片，溶解在水里会分解出碳酸，会引起打嗝。

此外焦虑不安，精神压力变大时，身体的需氧量就会增加。结果，就会机械地用嘴吸进很多空气，引起打嗝。

当喝入一定的可乐，气体在体内冲斥太多时，我们就会打嗝

为什么胶水不会粘在胶水瓶子里面?

为什么胶水从瓶子里面倒出来之后可以粘住东西,但是它在瓶子里面的时候,怎么不会粘在瓶子上呢?

胶水不会粘在瓶子上面,是因为胶水里面有特殊的溶剂,溶剂使得胶水不会粘在瓶子上。

把胶水倒出来之后,溶剂就会慢慢地蒸发,失去了溶剂的束缚,胶水就可以粘得上东西了。溶剂和胶水并不是一体的。溶剂分子始终在胶水和溶剂混合物的表层跳跃和晃动,寻找机会逃跑,这是蒸发。在出了瓶子之后,渐渐地,大量的溶剂分子从混合物里逃逸,最后只剩下了胶水,所以就很黏了。

在瓶子里面就不一样了。虽然溶剂分子在瓶子里面也运动,也蒸发,但是它们的蒸发是在瓶子里面。空间很少,它们无处可逃。溶剂分子困在瓶子里面,而在胶水表面的一些溶剂分子又重新溶到了胶水里面。慢慢地,越来越多的溶剂分子蒸发到了瓶子的顶端,同时越来越多的分子又重新回到胶水里面。胶水内外的溶剂分子又达到了原来的平衡状态,胶水仍然保持良好的流动性。

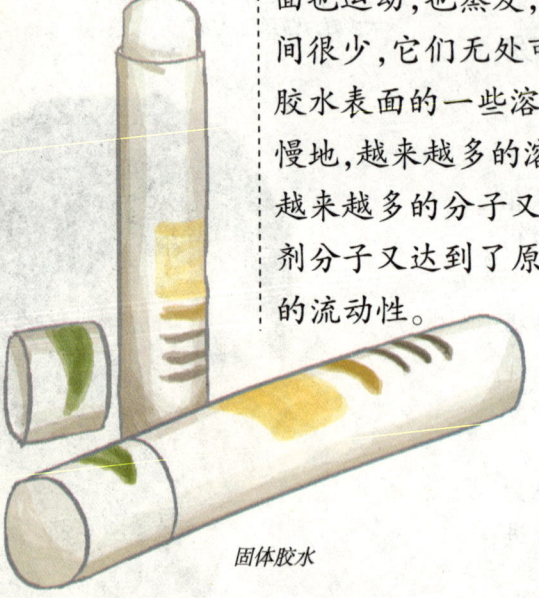

液体胶水

固体胶水

关于胶水……

胶水制造商通过留下十分狭小的空气空间来确保胶水混合物的流动性。空的胶水瓶里残留的胶水不是变得很黏就是已经成了固体。所以,启封的胶水最好能在近期内用完。

关于科技和人体有趣的问题

胶水为什么可以粘住东西？

胶水是日常生活中不可缺少的物质，它神奇的黏性可以粘住很多东西，是生活中不可或缺的好帮手。但是胶水为什么能粘住东西呢？

胶水是一种化学物质，它的化学成分溶解在水里面，换句话说，水是胶水中化学物质的载体。这些化学物质是圆粒状高分子体，胶水能粘得住，完全是依靠这些高分子体之间的拉力。

在粘东西的时候，水载着这些高分子体流到它们需要去的地方，水慢慢地蒸发掉了，剩下的高分子体开始互相结合在一起，所以，胶水两侧的物体就能粘得上了。

有的时候，胶水倒得多了，效果反而不好，因为这些高分子体拥挤在一起，拉力得不到很好的发挥，而且它们的载体也不容易被蒸发。所以，一般情况下，薄薄的一层胶水反而要比厚厚的一层效果好。毕竟，胶水的粘力是靠高分子体的拉力，而不是靠大量分子的填充力。

向纸上涂胶水

怎样除掉万能胶？

一般的胶水只能粘一些纸制的东西，而万能胶似乎什么都可以粘得住，像木板、木料、家具、皮革、橡胶、塑料，等等。而且性能优良，黏结力强、干得快、固化后可以防水防潮，抵制一些油污的污染，有很强的抗腐蚀性等等的特点。

万能胶的粘力非常强，而且干得很快。如果不小心粘到手上，会很麻烦。弄不好会把两根手指粘在一起。万能胶在瓶子里面的保存时间很长，但是一旦暴露在空气中就会急速地风干，作废。

如果不小心粘上了万能胶，可以涂抹一些酒精，慢慢揉搓，就可以把胶弄下来；如果酒精不好找，那么家里用的护手霜也可以，因为护手霜属于油脂类物质，和胶类不相溶。涂点护手霜，揉一会就下来了。不过和酒精相比较，速度比较慢。

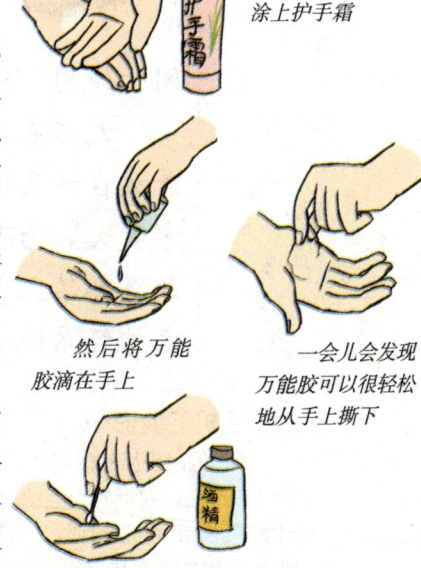

先给手上涂上护手霜

然后将万能胶滴在手上

一会儿会发现万能胶可以很轻松地从手上撕下

也可用酒精洗掉滴在手上的万能胶

手机是怎样工作的？

作为一种方便快捷的联络工具，现代人已经越来越离不开手机了。随着技术的发展，手机的外观也是日新月异，越来越小巧，越来越轻、薄，种类繁多的各种手机满足了不同人群的不同喜好。但是，在这小小的方寸空间之中，手机是怎样工作的呢？

手机是由受话器、控制组件、天线以及电源四部分组成。而手机的工作原理就是把受话器接收到说话的音频信号转换成高频信号，通过天线发射出去，构成空间电波与对方进行通话。而网络则采用数字蜂窝移动通信系统（GSM），这个系统有对频谱利用率高、容量大，同时可以自动漫游和自动切换，通信质量好等等特点。

手机的发展很迅猛，但是，也带来了健康问题。说白了，手机本身就是一台电磁波的发射机和接收机，长时间的使用，会对身体造成危害。

尤其有些人为了方便，晚上睡觉的时候把手机开着放在枕头边上，这样手机散发出的辐射对人体的伤害更大。为了避免青少年受到手机辐射的伤害，英国教育部禁止 16 岁以下的学生使用手机，理由是，青少年神经系统还未发育完全，更容易受到伤害。

关于手机的雏形……

手机的出现虽然时间并不长，但是它的雏形早在二次世界大战的时候就已经出现了。如步话机、对讲机等，其中，步话机早在 1941 年美国陆军就开始装备了。

关于科技和人体有趣的问题

手机对人的主要伤害有哪些？

手机对人体有伤害这是有目共睹的了，其中主要是电磁波的伤害。为了证实这个事实，英国科学家用线虫做实验。他们把线虫暴露在和手机频率相同的电磁场中，发现线虫的蛋白质受到了震荡。不过若是及时停止这种辐射，蛋白质是可以恢复正常的；若是继续照射，那么蛋白质就会发生不可逆的变性。

短波也是伤害之一，它们可以散发出大量的热，会严重地"烧伤"脑细胞。简单的例子就是在打完电话之后，脸和耳朵都会感到特别热。

科学家还发现，经常使用手机的人，容易得眼部疾病。因为手机的辐射区域主要是头部，而眼睛又是头部比较脆弱的部分，所以很容易受到辐射的伤害。

此外，长时间地经常使用手机还会造成记忆力减退、失眠，甚至会发生情绪的改变，等等。

长时间使用手机引起情绪波动

手机辐射可以避免吗？

手机辐射是避免不了的，即使你不使用手机，但是周围别的人也会使用，这样也会受到辐射。但是手机辐射可以尽量地减少。

一般来说，手机在待机的时候辐射最小，通话时辐射量要大一些，而在手机号码已经拨出而尚未接通时，辐射最大，是待机时的3倍左右。所以在拨号时，尽量让手机离身体远一些。

很多人喜欢在睡觉时把手机放在头边上，据资料显示，放在距离人体1.5米的地方比较合适。

还有些人喜欢把手机挂在胸前，其实这样也不好。收集的辐射会对心脏和内分泌系统造成影响。

其实，手机的危害并没有想象中那么可怕，只要在使用的时候多加注意就没事了。

电池会对环境造成污染吗?

电池的确会对环境造成污染,不过不是崭新没有使用过的新电池,而是废旧电池。我们在使用完电池之后,一般都是随手扔掉,很少会想到废旧电池也会对环境造成污染。

一节1号有汞电池烂在地里,能使1平方米的土地完全失去农业利用价值;一粒纽扣电池可以使600吨水无法饮用。为什么小小的电池会对环境有那么大的破坏力呢?

对自然环境威胁最大的有五种物质,电池里就包含了汞、镉、铅三种。电池污染了环境,不仅给人类的生存空间带来了威胁,也对人体造成了隐患:汞等重金属流入土壤,再经过农作物传入人体,造成人类的重金属中毒。汞具有强烈的毒性,铅能造成神经紊乱、肾炎等;镉主要造成肾损伤以及骨疾——骨质疏松、软骨症及骨折。

现在,世界各地已经致力于无汞的"绿色环保"电池的开发和使用,这将大大降低废旧电池对环境的污染。同时,改良电池的回收方法,把旧电池按类别收集,重新加工,提取有利用价值的物质,做到回收再利用,不仅改良了环境,节约了经费,还可以节约能源。

关于汞污染……

汞能引起严重的污染。

20世纪50年代,日本著名的水俣病就是由于汞污染引起的。这次事件给全世界的人敲响了警钟。而日本政府也花费了极大的人力物力治理污染。

关于科技和人体有趣的问题

电池会爆炸吗？

也许从来都没有人会想到，自己使用的电池竟然是危险的"炸弹"。为什么电池也能爆炸呢？

电池爆炸的发生和各种不同电池混合使用有很大的关系。如果电池的电压之间差异太大，会产生电流不平衡，这样，电池内部的压力就会变大，一旦压力变大，电池内部的化学物质的体积就会增大。若是瞬时间体积的增大超越了电池外壳的承载能力，电池就会爆炸。

所以在使用电池的时候，一定要注意电池外包装上的说明，不同品牌的电池最好不要混用。即使是同一品牌的电池，在不能确定电池内部的电压是否差不多时也不要混合使用，以免造成不必要的危险。

电池遇热后压力变大，产生爆炸现象。

世界各个国家对废旧电池都是怎样处理的？

美国目前主要是回收可充电电池，回收率可以达到75%。

丹麦是欧洲最早实行电池回收再利用的国家，它们从1996年开始实施镉镍电池的回收。接着，英国从1998年开始回收电池，同年10月，德国开始以法律形式规定对电池进行回收，而法国是在1999开始回收电池的。

一次电池

电池是怎样分类的？

一般电池可以分为一次电池和二次电池。

一次电池就是一次性使用的电池，包括碳性电池、碳锌电池等；二次电池是可重复充电再次使用的电池，有镍氢电池、锂电池、铅酸电池。

回收可充电电池，进行加工、处理后再利用。

为什么高压线在潮湿的天气中会发出"咝咝"的声音?

高压线在阴雨天会发出咝咝的声音,这是一种在导体周围形成的,叫作"电晕"(放电)的现象。

高压线是一种担负着电能的输送和分配的电缆线路,高压线之所以这么叫是因为它的电压很高——三千伏到三万五千伏以及以上。这么高的电压可以引起周围空气的电解,放电。这种现象在阴雨天非常明显,因为阴雨天空气湿度变大了。有的时候,不止可以听到"咝咝"声,还可以看到高压线周围有蓝色的火花。在平时晴朗的天空下一般是看不到这种现象的,不过,若是高压线本身不合格或者是长年使用等的原因,也能看到这种现象。

高压线的电晕现象会增加电能的损耗,还会带来电磁干扰。一般情况下,高压线会损失掉3%~4%的能量。也就是说,如果我们想让目的地得到100万伏的电压,那么一开始就必须要发送103万~104万伏的电压。

高压线传送的电量相当大。一条100兆瓦特的线路可以提供足够一座中型城市使用的电量,大概可供5万~10万个家庭使用,相当于得克萨斯州的泰勒市。

关于科技和人体有趣的问题

为什么小鸟站在高压线上不会被电死？

高压十分危险,如果人不小心触摸到就会导致死亡。但是,我们经常可以看到高压线上成群结队地站着好多小鸟,它们不但没有受到高压线的伤害,而且生活得怡然自得。为什么小鸟不会触电身亡呢？

如果我们仔细观察,会发现小鸟都是站在一条电线上的,高压线是两条线,小鸟站在一条上,不能形成回路,所以不会触电。

但是,如果小鸟站在两条电线上,就不会是这样了。横跨两条电线,形成回路,瞬间小鸟就会被强大的电流烤焦的。

人若是不小心碰到了高压线,而且人在站立,双脚之间会有一定的距离,产生电压差,即使距离很小,但高压线的电压极大,而且站在地面上,会形成电流回路,所以人终究还是难逃厄运。

小鸟站在高压线上

为什么要用高压线送电？

高压线是长距离送电的工具,它的电压非常高。为什么它要使用那么高的电压呢？

因为在电被运送的过程中,总会有一定的电以热能的形式损失掉了。通过计算发现,在电线等的外部设备一致时,电压越大,以热量形式损失掉的电量就会越小。或者,在损失电量一定的情况下,电压越大,电线的横截面积越小,这样材料用得最少,最节省。

从发电厂出来的电压都比较低,各国不同,有的是110伏特,有的是220伏特,所以,在电压送到高压线之前用变压器给电加压,等到目的地后,再经过减压,才能使用。

高压线

被蚊子叮过会不会得艾滋病？

艾滋病的全称是获得性免疫缺陷综合征，它的病原体是人类免疫缺陷病毒（HIV）。艾滋病最初是20世纪80年代在美国发现的，至今为止，全世界范围内还没有一个有效的治理方法。

一般公认的艾滋病传播途径有三条：血液传播，母婴传播，性传播。

因为艾滋病可以通过血液传播，很多人会担心，被蚊子叮咬之后会不会传染上艾滋病。

现在所有证据显示，蚊子不会传播艾滋病，被蚊子叮咬之后也不会得艾滋病，甚至在艾滋病人很多的地区，也并没有出现大量蚊子。蚊子叮咬时候触及的血太少，而且艾滋病毒自身也很脆弱，在蚊子体内不会存活很久，当然也不会像其他病菌似的，如疟疾，可以通过蚊子的叮咬传染。除了蚊子之外，像臭虫、虱子、苍蝇和其他的昆虫也不会传播艾滋病。

艾滋病通过血液传染的主要途径是不慎输入污染了HIV的血液或血液制品，注射器和针头没有经过消毒，或者消毒不彻底。共用生活用具，如牙刷、剃刀等，也可能经破损处传染。

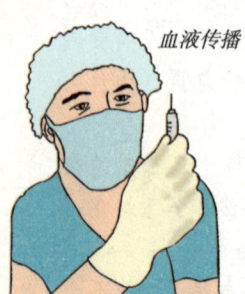

血液传播

使用没有消毒的注射器或者针头都有可能感染艾滋病

夫妻任何一方如果携带艾滋病病毒，那么出世的婴儿就可能会感染艾滋病。

性传播

不正当的性行为也可能会感染艾滋病

关于艾滋病……

据最新统计，全球艾滋病病毒感染者和艾滋病病人中，1/3是10～14岁的青少年。但是，我们不能因为病人感染了艾滋病而歧视他们，要给予他们温暖和关怀。

关于科技和人体有趣的问题

什么是 HIV？

HIV 是英语 human immunodeficiency virus 的首字母缩写,翻译成汉语就是人类免疫缺陷病毒,就是引起艾滋病的病毒。

这种病毒可以生活在人体的血液中,吞噬免疫系统中最重要的 T4 淋巴细胞,破坏人体的免疫系统,最后导致免疫系统的全线崩溃,使人体丧失对各种疾病的抵抗能力,使人死亡。

HIV 有潜伏性,而且时间很长,一般为 7～10 年,甚至更长。在潜伏期内,患者没有任何的异样,但是他们的免疫系统正在逐渐地受到损伤。一般 30% 的人在 3～5 年发病,50% 在 10 年之内发病,少数 HIV 感染者长期处于潜伏期而不发病。

HIV 处于潜伏期并不等于不会传染,患者本人可能也不知道已经感染了 HIV 病毒,但通过血液等可将 HIV 传给他人,而且处于潜伏期的母亲还可将 HIV 传给胎儿。

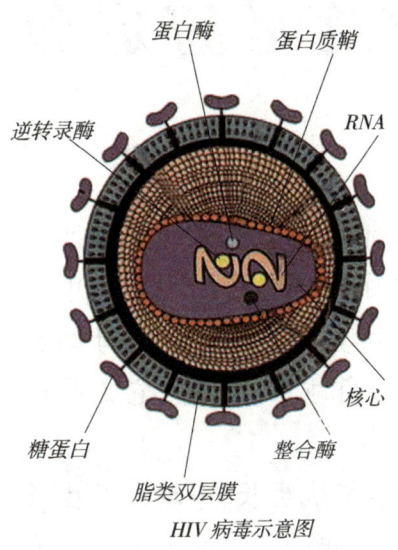

HIV 病毒示意图

唾液可以传染艾滋病吗？

艾滋病毒虽然很危险,但是它们本身也很脆弱,它们只能在血液和体液中生存,若是暴露在空气、水中和其他地方会很快死亡。艾滋病只能通过一个人血液或者体液直接和另外一个人传播。

唾液是不会传染艾滋病的。而且,人体消化道内的消化酶可以破坏艾滋病病毒。除了唾液之外,汗水、眼泪也都不会传染艾滋病。

所以,一般和艾滋病人的普通接触是不会被感染上的,像共同进餐、握手、接吻、共同在一间办公室工作、接触门把、电话等等都是安全的。

作为一种疾病,艾滋病是很可怕,但是我们不能因此歧视艾滋病人,这样很容易造成艾滋病人在心理上受到伤害,而做出一些报复社会的举动。关爱艾滋病人,给他们应有的尊重,是社会的责任,也是每个人的义务。

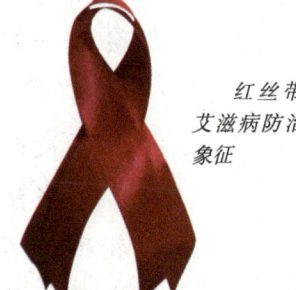

红丝带是艾滋病防治的象征

亲吻是不会通过唾液传染艾滋病的

指甲生长的速度是由什么决定的？这个速度是固定的吗？

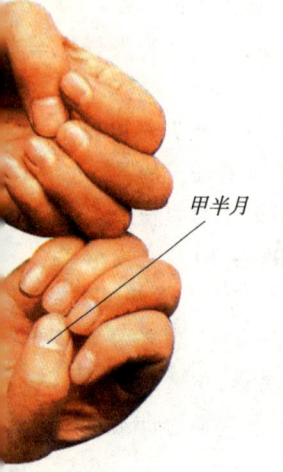

甲半月

指甲的生长是由指甲根部的一个特殊的生长区域控制的，这个区域的细胞被称作指甲母细胞。指甲母细胞在指甲床的上面，在皮肤真皮层内。指甲母细胞产生指甲，指甲相当于皮肤的角质层，不过，它们是死的，蹄状的蛋白质，叫作角蛋白。

指甲从人类出生到死亡不断地生长，平均每天生长0.1毫米，每年生长36.5毫米。但是，指甲的生长速率并不稳定。天气暖和的时候，人比较年轻的时候，或者给指甲施加压力，像弹钢琴、剪指甲等，指甲的生长速度会快一些；而在缺血，或是血液里面有阻碍指甲生长的物质（像化学治疗中的一些物质或是香烟的副产品），营养不良或是发高烧的时候，指甲生长得就比较慢。

当然，指甲的生长也有停止的时候：人死了之后，指甲就不会再生长了。但是，人死了之后，指甲虽然不会再生长，却可以"变"长。这是因为人死后皮肤变干缩水。当手指上的皮肤缩水的时候，显露出来的手指甲或者是脚指甲要比活着的时候更长，所以，看起来手指甲或是脚指甲会"变"长。

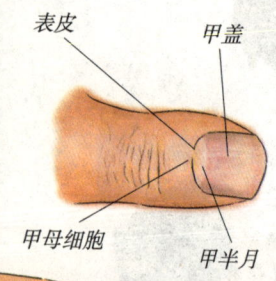

表皮　甲盖

甲母细胞　甲半月

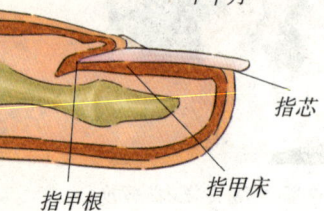

指芯

指甲根　指甲床

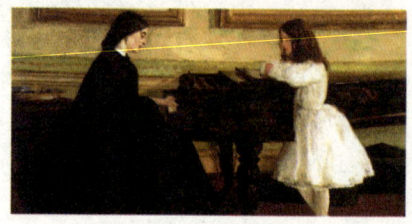

关于科技和人体有趣的问题

为什么手指甲比脚指甲生长得快？

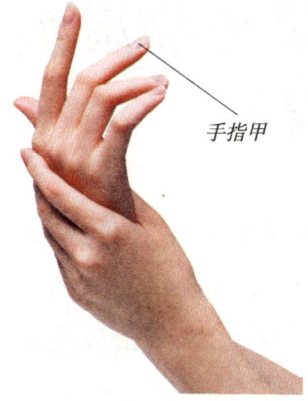

手指甲

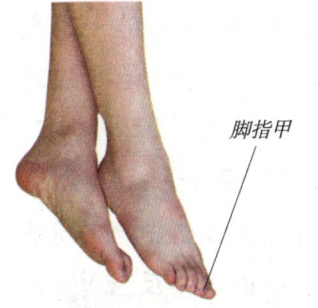

脚指甲

手指甲每天可以生长 0.1 毫米，而脚指甲的生长速度只是手指甲的一半：0.05 毫米，这是为什么呢？

指甲的生长受年龄、健康状况、季节温度和刺激等的影响。手指甲长得比较快是因为手指甲受到的刺激比较多，经常摩擦会促进手指甲快速地生长。一般情况下，人对手的使用要大大超过对脚的使用，而指甲的功能就是保护手脚在活动时不至于碰伤柔软的指尖端，所以，不断的损耗促使指甲母细胞快速地生产指甲，相比之下，脚指甲虽然每天会和鞋子、袜子等等摩擦，但是却没有那么大的损耗，生长就会慢一些。

所以，同样的道理，如果仔细比较就会发现，右手的指甲长得比左手快，而中指指甲长得最快，小指指甲长得最慢，这就是说使用得越多，生长得越快。

指甲在磨损大的情况下生长速度会很快。但是如果只是留指甲而不剪，指甲的生长就会受到抑制，变得很慢。

指甲除了保护手指外还有别的作用吗？

指甲除了保护作用外还有显示和报警的作用。指甲上出现的莫名的斑点和横纹或是其他的一些现象都是身体健康状况的真实反映。

例如，如果指甲上有黄色的细点则说明消化系统出了毛病；若是长出了很多的白点，就是神经衰弱的征兆；指甲上有直线，是操劳过度及用脑过度的症状；而指甲上起小细粒则是药物中毒或是体内有寄生虫。

还有指甲半月也能指示身体的情况。

如果指甲下端乳白色的半月很小，就说明血液循环不通畅，若是极度贫血，这个小小的半月就会消失。反之，如果这个月牙很大的话，就是血液循环速度很快，很流畅。

所以，平时要多注意指甲的变化情况，出现异常要及时地看医生，这样可以预防好多疾病。

为什么高温可以杀死细菌但低温冰冻却不可以?

举例来说,把一块生肉放到冰箱里冷冻,化冻后再吃,这样很容易会生病。但是,如果加热到足够的温度,一般情况下就可以杀死细菌,食后也不会出现生病的现象。

为什么会出现这样的情况呢?让我们先想一想龙虾和小虾,把它们扔进热水之前是青色的,但是很快就会变成明亮的红色或是橘色,因为烹调改变了蛋白质。

而细菌的死亡和这个现象的道理是一样的。高温改变了蛋白质结构,所以,细菌就不能像以前那样搞破坏了,因为蛋白质在生命进程中的必要化学反应中,担任着举足轻重的角色,改变了蛋白质等于宣布了细菌的死亡。而冷冻在一般情况下不能破坏蛋白质的结构。

不过也有例外,比起低温来,一些细菌更喜欢高温,对于其他细菌来说忍受不了的温度,它们却可以怡然自得地生活。例如,在20世纪60年代,科学家在美国黄石国家公园的温泉里面发现了一些奇怪的细菌,这些细菌喜欢接近于沸点的热水,它们在那儿生存和繁衍。

然而,想杀死这些细菌也不难,足够高的温度即可以。因为,到最后它们的蛋白质都被煮熟了。

杆菌

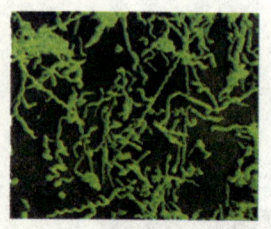
螺旋菌

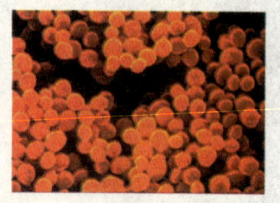
球菌

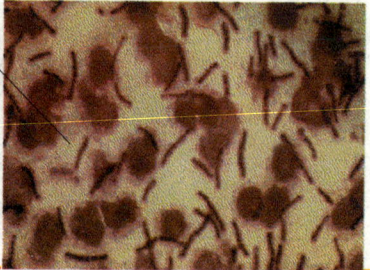
竹节状细菌

关于细菌……
细菌一般为球形、杆形或螺旋形,个体微小,在自然界的分布很广,土壤、水、空气和动植物体表面及消化道等都有分布。大多数细菌为异养,少数为自养。

关于科技和人体有趣的问题

龙虾和小虾在活着的时候是青色的，但是煮熟之后变成了红色，这中间有什么化学反应吗？

龙虾、小虾和蟹基贝壳类都有两种颜色：一种是青黑色，另外一种是橘红色。甲壳类在活着的时候大都呈现青黑色，虽然橘红色存在，但是被掩盖了。

化学家用分子结构来解释这个现象。决定青黑色的是蛋白质链，而橘红色则是色素颗粒。在贝壳类活着的时候，蛋白质链通过环绕和包裹橘红色的分子，而把它们隐藏了起来，因此，贝壳看起来是青黑色的。

在我们烹调龙虾或是小虾的时候会发生什么呢？蛋白质链在加热的过程中经历了一个化学变化：它们舒展开了，并且释放被包裹了的橘红色分子。这些橘红色不再隐藏，所以贝壳变成了橘红色。这个过程很像树叶变色的原理：红色存在但是被隐藏了。

不过龙虾的颜色并不仅仅局限于青黑色，它们可能是红的、蓝的、白的或是黑底黄点，但是白化的龙虾在煮熟的时候并不会像其他龙虾那样变成红色。

细菌没有好的吗？

并不是所有的细菌都一无是处，很多对生产生活有很大的益处，例如根瘤菌。

植物的生长需要氮元素，但是绝大部分的植物并不能自己利用氮气合成，只有像豆科植物的根瘤菌一类的细菌和某些蓝绿藻能够将大气中的氮气转变为硝态氮加以利用，而动物则只能直接或间接利用植物合成的有机氮，经分解为氨基酸后再合成自身的蛋白质。

为什么蛋黄烹煮的时间过长会变成绿色？

蛋黄煮的时间过长会变成绿色，这是因为蛋黄内的铁和蛋白里面的硫结合形成了硫化亚铁，这种新生成的化合物使得蛋黄变了颜色。

这个结果并没有什么，而且甚至尝不出蛋黄味道有什么变化，仅仅是看起来有些让人不舒服。

电动门为什么会自己开？它们可以感应到周围人的存在吗？

酒店的自动门

进入车库的自动门

电动门是很常见的一种新型的大门，很多工厂、学校都采取这种大门，当有汽车驶进的时候，工作人员只要按一下操作开关，大门就会自己打开，或者是合闭。而且有的自动门更神奇，在没有人操作的时候，它也可以自己开关。例如高级宾馆、银行等等地方，只要人走到一定的范围之内，大门就好像看到了似的，自己主动地开关门。这是为什么呢？

我们说的那种有人操作的自动门是半自动门，因为毕竟有人在操作它，在人按按钮的时候，指令变成特定的电信号，促使电动机转动，电动门就可以自行开闭。

而那种自己可以掌握开关的是全自动门，完全地依靠电子仪器的感应和电脑的指挥。当人走到一定的范围内时，自动门周围的传感器感应到了并且发出开门的指令，自动系统就会打开大门，而在一段时间之后，传感器觉察不到有人的时候，又会自动把门关上。

关于电动门……

电动门有平开门、推拉门、伸缩门、升降门和卷帘门等。门绕垂直轴转动的，是平开门；平行开关的是推拉门；门沿垂直方向移动的是升降门；门绕门宽上方的水平轴转动的是卷帘门。

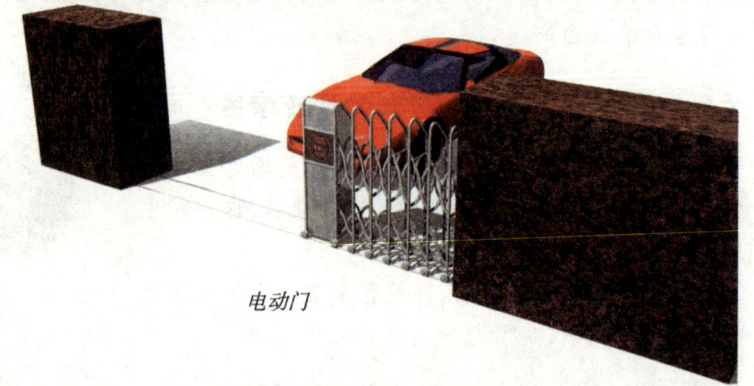

电动门

关于科技和人体有趣的问题

为什么电铃按下去之后会响？

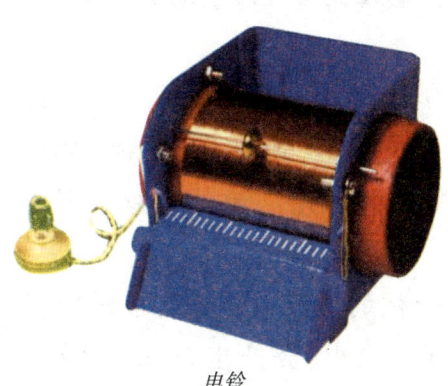

电铃

电铃的用处很广泛,学校的上下课控制,工厂的上下班控制等等都要依靠电铃。而且电铃的操作十分简单,工作人员只要按下电铃的按钮就可以了,很方便。那么电铃为什么会响呢？

电铃是根据电磁感应原理制作的。当按下电铃的开关时,电流连接到振荡线圈上,线圈缠绕的电磁铁产生了磁力,吸引了电铃上的小锤敲击铃碗,打出声音。但是交流电有方向和大小的改变,在上一刻磁铁产生磁力,但是下一刻磁铁又失去了磁力,小锤离开了磁碗,没有敲击就不会发出声音。这样电流的周而复始,也使得小锤不断地敲击和离开磁碗,所以,电铃可以不断地打出声音。

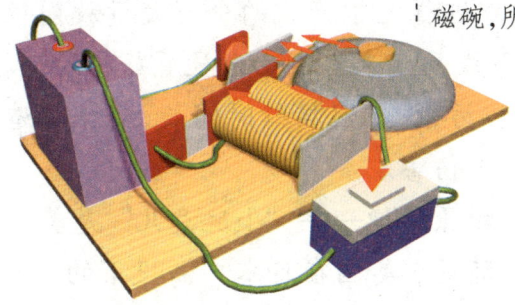

电铃工作原理示意图

电热器有什么优点？

电热器是一种把电能转化为热能的机器,主要用于家庭中的取暖,像电热毯和电手炉也是类似的直接应用电转化成热的取暖设备。

和其他燃料,如矿物质原料相比,电很清洁,不会污染环境,而且使用起来非常方便。

现在常用的电暖器有:贮热式电暖器,充油电暖器,远红外电暖器,等等。电暖气已经被越来越多的家庭所青睐,成为冬季人们不可缺少的取暖设备。

家用电暖气

为什么核武器被禁止使用？

原子弹之父——奥本海默

1942年，奥本海默负责筹组了属于曼哈顿计划的洛斯·阿拉莫斯实验室，次年任该实验室主任。在此期间，他组织领导了一大批世界著名的物理学家，研究、设计了首批原子弹，被称为"原子弹之父"。

关于核武器……

核武器并不只是原子弹，它的种类很多，主要有原子弹、氢弹、中子弹等。除此之外，核炸弹、核炮弹、核地雷、核水雷、核鱼雷等等，都是核武器的种类。

核武器的杀伤力十分巨大，因为这样，现在在国际舞台上，几乎是"谈核色变"，但凡是涉及到"核"的物质，都会接受一番深思熟虑的讨论。为什么核武器的杀伤力会有那么大呢？

核武器主要利用原子核的聚变、裂变反应瞬时产生巨大能量。而在原子核反应中，会产生光辐射，冲击波、核辐射等效应。它们可以在几十秒内使一定作用范围内的所有生物死伤，建筑物和各种设施化为灰烬。此外，放射性烟云也是核武器杀伤破坏力的重要因素之一。这是在爆炸过程之中产生的含有大量放射性物质的烟云，往往形成几十米至上千米呈蘑菇状的烟柱、烟团，造成大面积污染，而且持续时间长，对生物造成直接或间接的严重伤害。

世界上第一颗原子弹——"小玩意儿"是美国在1945年制造的，随后，美国在日本广岛投下的"小男孩"，摧毁了广岛绝大部分建筑物。这颗原子弹的威力还是处于初级的阶段，其威力和现在的核武器是不能比拟的，所以，一旦现在核武器应用到战争中去，后果不堪设想。

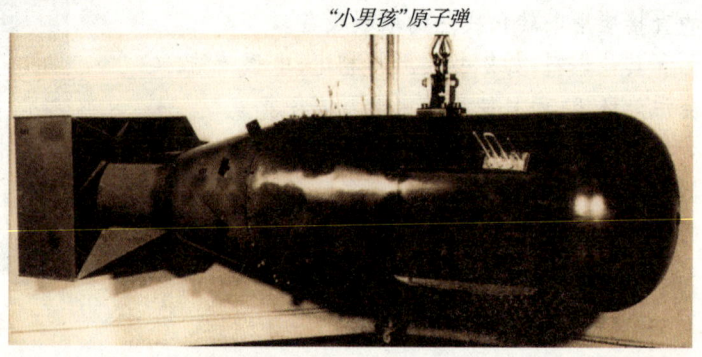

"小男孩"原子弹

关于科技和人体有趣的问题

149

为什么氢弹比原子弹"干净"？

氢弹作为第二代核武器，在原子弹之后，于1950年首先被美国研制出来，相比较原子弹，氢弹的威力则是更上一层楼。

1952年10月，美国在太平洋的一个小岛上试验氢弹，在氢弹爆炸之后，整个小岛也随之消失。氢弹的制造原理是核聚变，爆炸后产生的放射性物质比核裂变原理的原子弹爆炸后所产生的放射性物质少得多，从放射性残留物的多少的角度来讲，氢弹更"干净"。

中子弹又是什么？

中子弹是第三代核武器，和原子弹、氢弹相比，它能在瞬间产生高剂量中子辐射，能轻而易举地穿透建筑物和各种装甲防护，使受辐射人员因中枢神经系统被破坏而失去正常活动能力，甚至死亡。

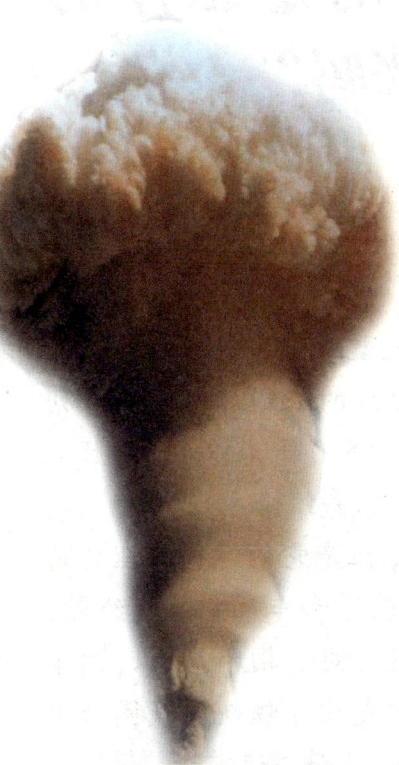

1967年6月17日，中国第一颗氢弹爆炸试验成功。

中子弹爆炸

核冬天是什么？

核冬天并不是真实存在的一种自然现象，它是美国科学家根据核爆炸效应所作的理论推想。因为核爆炸威力太大，可以对气候起到极其巨大的影响，而受到那种影响下的气候被称作核冬天。

具体这是一种什么样的景象呢？根据科学论证，大约在六七十万年前，一颗小行星撞击地球而爆炸，曾经形成过这样的一种"冬天"：地球山崩地裂，长期被烟尘笼罩，不见阳光，气温下降，形成漫长的冬天，植物死亡，恐龙等动物灭绝。

核冬天的一幅想象图景

磁悬浮列车真的是悬浮的吗？不会掉下来吗？

磁悬浮列车是德国人海曼·肯佩尔发明的。它是利用磁力使列车悬浮在轨道上方，从而使其以极高速度行驶的一种列车。

磁悬浮列车没有轮子，也就减少了轮子和轨道的摩擦，降低了摩擦力对列车速度的限制，所以，这种列车的行驶速度可以达到每小时500千米以上，而且运行很平稳，噪音很小，寿命长，容易维修。

磁悬浮列车的优点很多，但是它的运行原理又是什么呢？原来磁悬浮列车的轨道和车厢都装有线圈，通电之后变成巨大的同极磁铁，同性相斥，所以，列车就悬浮在空中了。而它的前进是由于铁轨的线圈依次通电，吸引了车厢上的电磁铁，从而高速前进。如果想让列车停下来，只要断掉电流或者是使用相反方向的电流就可以了。

不过磁悬浮列车也不是完全不用轮子，在它刹车停车的时候还是需要轮子作为辅助的支撑物，这样才能保证车厢的稳定和安全。磁悬浮列车的线圈也是采用特殊的超导材料制造的。

磁悬浮列车

关于磁悬浮列车……

1969年，德国研制出第一台磁悬浮列车展出，而中国于2004年建成上海磁浮线并投入了试运营，它是世界上首条高速磁悬浮交通商业示范运营线。

路面下的"地铁"

高架铁道

关于科技和人体有趣的问题

地铁是靠什么运行的?

地铁是一种以电力作为动力能源的交通运输工具。一般都是修建在繁忙城市的地下,可以满足大客流量的需求,而且由于在地下运行,和地上的车辆、运输工具等不会发生矛盾,所以,在发达、繁华的城市受到很大的欢迎。世界上第一部地铁于1863年在伦敦建成,现在全世界已有一百多个城市修建了地铁,总长度达到3 000多千米。

地铁大部分是无人驾驶的,由电脑和自动系统控制列车的行驶、制动和停车,有的地铁线上,甚至连车站的售票和检票都由自动系统来完成。

不过,地铁也不是完全自动的,机器毕竟是会出现毛病的,所以为了确保安全,车站和列车上都会有值班人员,进行检查和监督的工作,最大限度地保证地铁的安全度。

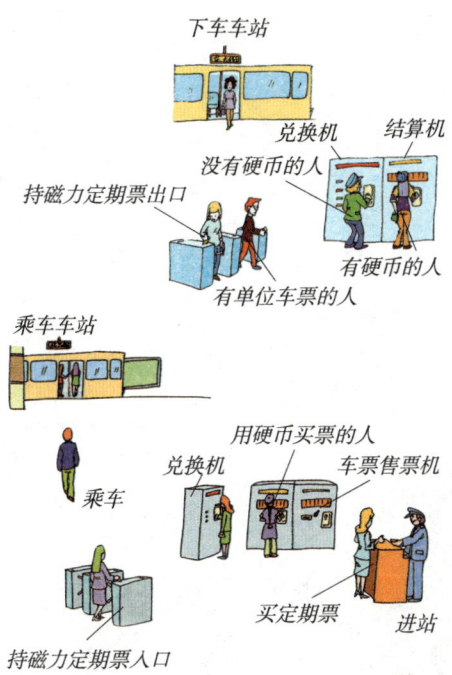

自动售票检票系统示意图

世界著名的地铁有哪些?

1863年世界上第一个地下铁路系统开始运营,1890年伦敦第一条电气化地铁投入使用,速度32千米/小时,有60多个站。

巴黎地铁以服务质量高,安全可靠闻名于世,而且无人驾驶的全自动地铁新线路也已投入运营。

美国纽约地铁1900年开始运营,现代的纽约地铁以车站多、线路长而著称,走完全程需乘行20多小时。

东京地铁是第二次世界大战后修建的,洁净、安全,每天运送旅客百万人次,是世界上最繁忙的地铁之一。